法律援助文书
实用手册

FALU YUANZHU WENSHU
SHIYONG SHOUCE

中国法制出版社
CHINA LEGAL PUBLISHING HOUSE

出版说明

法律援助,是国家建立的为经济困难公民和符合法定条件的其他当事人无偿提供法律咨询、代理、刑事辩护等法律服务的制度,是公共法律服务体系的组成部分。2022年1月1日起施行的《中华人民共和国法律援助法》,全面系统规范了法律援助工作,为维护人民群众合法权益、促进社会公平正义提供了法治保障。为贯彻落实《中华人民共和国法律援助法》和《办理法律援助案件程序规定》,提高法律援助服务规范化水平,司法部对《法律援助文书格式》(司发通〔2013〕34号)进行了修订。

为便于广大读者特别是法律援助参与者学习法律援助的相关法律规定,我们策划出版了本书。本书以《法律援助文书格式》为支点,辅之法律援助相关实用法律法规,让法律援助参与者能够随时随地学习法律知识,增强法治观念、规则意识及依法办理法律援助事项的能力。

中国法制出版社

目 录

一、法律援助文书格式

司法部关于印发《法律援助文书格式》的通知 …………… 1
   （2023 年 11 月 10 日）
《法律援助文书格式》目录 ………………………………… 2
《法律援助文书格式》样本 ………………………………… 4
  格式一　法律援助咨询登记表 …………………………… 4
  格式二　法律援助申请表 ………………………………… 6
  格式三　授权委托书 ……………………………………… 8
  格式四　经济困难状况说明表 …………………………… 9
  格式五　法律援助申请材料接收凭证 …………………… 11
  格式六　补充材料/说明通知书 ………………………… 12
  格式七　法律援助协作函 ………………………………… 13
  格式八　法律援助审查表 ………………………………… 14
  格式九　给予法律援助决定书 …………………………… 16
  格式十　不予法律援助决定书 …………………………… 17
  格式十一　指派通知书 …………………………………… 18
  格式十二　委托代理/辩护协议 ………………………… 19
  格式十三　法律援助公函 ………………………………… 21
  格式十四　法律援助案件承办情况通报/报告记录 …… 22
  格式十五　法律援助机构介绍信 ………………………… 23

格式十六　更换法律援助人员申请表…………………… 24
格式十七　更换法律援助人员通知书…………………… 25
格式十八　终止法律援助决定书………………………… 26
格式十九　终止法律援助公函…………………………… 27
格式二十　法律援助异议审查决定书…………………… 28
格式二十一　结案报告表………………………………… 29
格式二十二　送达回证…………………………………… 30
格式二十三　法律帮助申请表…………………………… 31
格式二十四　值班律师提供法律帮助通知书（适用
　　　　　　于公安机关）……………………………… 32
格式二十五　值班律师提供法律帮助通知书（适用
　　　　　　于国家安全机关）……………………… 33
格式二十六　值班律师提供法律帮助通知书（适用
　　　　　　于人民检察院）……………………………… 34
格式二十七　值班律师提供法律帮助通知书（适用
　　　　　　于人民法院）………………………………… 35
格式二十八　值班律师提供法律帮助情况登记表……… 36
格式二十九　值班律师法律帮助工作台账……………… 37
格式三十　庭审旁听情况记录表………………………… 38
格式三十一　征询办案机关意见函……………………… 39
格式三十二　受援人回访记录表………………………… 41

二、法律援助实用法律法规

中华人民共和国法律援助法………………………………… 42
　（2021 年 8 月 20 日）
法律援助法实施工作办法………………………………… 59
　（2023 年 11 月 20 日）

办理法律援助案件程序规定 …………………………… 70
　　（2023 年 7 月 11 日）
法律援助值班律师工作办法 …………………………… 84
　　（2020 年 8 月 20 日）
最高人民法院、最高人民检察院、公安部、司法部
　　关于刑事诉讼法律援助工作的规定 ……………… 95
　　（2013 年 2 月 4 日）
最高人民法院、司法部关于为死刑复核案件被告人
　　依法提供法律援助的规定（试行） ……………… 105
　　（2021 年 12 月 30 日）
未成年人法律援助服务指引（试行） ………………… 108
　　（2020 年 9 月 16 日）
军人军属法律援助工作实施办法 ……………………… 125
　　（2023 年 2 月）
退役军人部、司法部关于加强退役军人法律援助工
　　作的意见 …………………………………………… 136
　　（2021 年 12 月 7 日）

一、法律援助文书格式

司法部关于印发《法律援助文书格式》的通知

各省、自治区、直辖市司法厅（局），新疆生产建设兵团司法局：

为贯彻落实《中华人民共和国法律援助法》和《办理法律援助案件程序规定》，提高法律援助服务规范化水平，司法部对《法律援助文书格式》（司发通〔2013〕34号）进行了修订，现予印发施行，司发通〔2013〕34号文件同时废止。

司法部

2023年11月10日

附件：《法律援助文书格式》目录与样本①

---

① 本附件内容详见本书相应部分。

《法律援助文书格式》目录

1. 法律援助咨询登记表
2. 法律援助申请表
3. 授权委托书
4. 经济困难状况说明表
5. 法律援助申请材料接收凭证
6. 补充材料/说明通知书
7. 法律援助协作函
8. 法律援助审查表
9. 给予法律援助决定书
10. 不予法律援助决定书
11. 指派通知书
12. 委托代理/辩护协议
13. 法律援助公函
14. 法律援助案件承办情况通报/报告记录
15. 法律援助机构介绍信
16. 更换法律援助人员申请表
17. 更换法律援助人员通知书
18. 终止法律援助决定书
19. 终止法律援助公函
20. 法律援助异议审查决定书
21. 结案报告表

22. 送达回证
23. 法律帮助申请表
24. 值班律师提供法律帮助通知书（适用于公安机关）
25. 值班律师提供法律帮助通知书（适用于国家安全机关）
26. 值班律师提供法律帮助通知书（适用于人民检察院）
27. 值班律师提供法律帮助通知书（适用于人民法院）
28. 值班律师提供法律帮助情况登记表
29. 值班律师法律帮助工作台账
30. 庭审旁听情况记录表
31. 征询办案机关意见函
32. 受援人回访记录表

《法律援助文书格式》样本

格式一

法律援助咨询登记表

咨询日期：　　　　　　　　　　　　　编号：_____

咨询人基本情况	姓名		性别		民族	
	联系电话		共同咨询人数			
	证件类型及号码					
	身份类别（可多选）	□妇女　□未成年人　□老年人　□进城务工人员 □残疾人　□农民　□军人军属　□退役军人 □港澳台人员　□外国籍人或无国籍人 □其他：_____				
咨询方式	□服务窗口　□电话　□网络　□信函　□其他：_____					
咨询事项类型	□刑事 □民事（□劳动人事争议　□婚姻家庭　□损害赔偿　□其他） □行政 □其他：_____					
咨询内容						

续表

答复情况	
	接待人员（签名）： 　　　　　　　年　月　日

说明：1. 本文书用于法律援助机构及其设置的法律援助工作站、联络点等登记法律咨询情况，需存档。

2. 证件类型及号码可以根据咨询群众意愿进行填写。

3. 有关文书编号的编制方式由省级司法行政机关根据信息化建设需要和法律援助服务监督管理要求统一制定。

格式二

法律援助申请表

申请日期：　　　　　　　　　　　　　　　编号：_____

申请人基本情况	姓名		性别		民族	
	证件类型及号码					
	户籍所在地					
	住所地 （经常居住地）					
	文书送达地址	□住所地（经常居住地） □其他：_____				
	工作单位					
	联系电话		是否同意通过短信、邮箱等方式送达后续文书□是□否			
	电子邮箱					
	身份类别 （可多选）	□妇女　　□未成年人　　□老年人 □进城务工人员　□残疾人　□农民 □军人军属　□退役军人　□港澳台人员 □外国籍人或无国籍人 □其他：_____				
代理人情况	姓名		与申请人关系		联系电话	
	证件类型及号码					
案件来源	□直接申请（□申请人自行申请□代为申请） □转交申请（□人民法院□人民检察院□公安机关 　　　　　□监管场所□值班律师□其他：_____）					
案情及申请理由概述						

续表

本人承诺以上所填内容真实无误，所提交的各类材料均合法真实，且同意法律援助机构、政府有关部门依法对本人相关信息进行核查。如果本人以欺骗或者其他不正当手段获得法律援助，愿意依法承担相应后果和法律责任，包括但不限于：（一）被终止法律援助；（二）支付已实施法律援助的费用；（三）被处以三千元以下罚款。 申请人或者代理人（签名）： 　　年　　月　　日

说明：申请人填表确有困难的，由法律援助机构工作人员或者转交申请的机关、单位工作人员代为填写，申请人确认无误后签名或者按指印。

格式三

授权委托书

本人_____（证件类型及号码_____）委托_____（证件类型及号码_____），联系电话：_____），系本人_____（与本人关系），办理_____一案法律援助相关事宜。

委托事项和权限如下：
_____
_____

委托人（签名）：

年　　月　　日

说明：1. 本文书用于申请人、受援人委托法定代理人、近亲属代为申请法律援助等有关事宜，由代理人提交法律援助机构或者司法行政机关一份，以表明身份。

2. 代为申请法律援助，能够向法律援助机构提交材料，证明其有代理权的，无需提交授权委托书。

格式四
经济困难状况说明表

	姓名	关系	职业及所在单位	工资性收入（元）	生产经营性收入（元）	其他收入（元）	合计（元）
申请人及共同生活的家庭成员月收入状况		本人					
	总计（元）			家庭人均月收入（元）			
资产状况	房产：□无 □有____套，____平方米，位于____						
	汽车（唯一经营性运输工具除外）：□无 □有____（品牌及型号）						
	现金、存款、有价证券等资产：____元						
	其他需要说明的资产：____						
重大支出							
	本人承诺以上所填内容真实无误，所提交的各类材料均合法真实，且同意法律援助机构、政府有关部门依法对本人相关信息进行核查。如果本人以欺骗或者其他不正当手段获得法律援助，愿意依法承担相应后果和法律责任，包括但不限于：（一）被终止法律援助；（二）支付已实施法律援助的费用；（三）被处以三千元以下罚款。 申请人或者代理人（签名）： 年　　月　　日						

说明：1. 本文书用于申请人向法律援助机构说明自申请之日起前12个月内的经济困难状况，需提交一份。符合《中华人民共和国法律援助法》第三十二条规定情形的无需提交。

2. 申请事项的对方当事人系共同生活的家庭成员，无需填报对方当事人的收入和资产状况。

3. 申请人填表确有困难的，由法律援助机构工作人员或者转交申请的机关、单位工作人员代为填写，申请人确认无误后签名或者按指印。

格式五

法律援助申请材料接收凭证

本机构收到_____（申请人/代理人）提交的_____一案法律援助申请材料如下：

编号	材料名称		页数
1		□原件 □复印件	
2		□原件 □复印件	
3		□原件 □复印件	
4		□原件 □复印件	
5		□原件 □复印件	
6		□原件 □复印件	
7		□原件 □复印件	
8		□原件 □复印件	
9		□原件 □复印件	
10		□原件 □复印件	

申请人或者代理人（签名）：   收件人（签名）：

（公章）

年　　月　　日

说明：本文书用于法律援助机构登记收到申请人或者代理人提交的申请材料，一式两份，申请人一份，法律援助机构存档一份。

格式六

补充材料/说明通知书

_____：

　　本机构于____年__月__日收到_____一案的法律援助申请。经审查，你提交的法律援助申请材料不齐全。请自收到本通知书之日起___日内补充下列材料/说明有关情况。未按要求提交补充材料/作出说明的，视为撤回申请。

需要补充的材料：
_____
_____

需要说明的情况：
_____
_____

法律援助机构地址：
联系人：
联系电话：

（公章）

年　　月　　日

说明：本文书用于法律援助机构通知申请人补充相关材料或者对有关情况作出说明，一式两份，申请人一份，法律援助机构存档一份。

格式七

法律援助协作函

编号：_____

_____：

　　本机构受理的 _____ 一案，因 _____
_____，根据《中华人民共和国法律援助法》《办理法律援助案件程序规定》相关规定，请协助做好下列事项，并于 _____ 年 ___ 月 ___ 日前回复本机构：

_____
_____

　　感谢对法律援助工作的支持！

　　联系人：
　　联系电话：

（公章）

年　　月　　日

　　说明：本文书用于法律援助机构向有关部门、单位、村民委员会、居民委员会和个人核查申请人经济困难状况等事项，也可以用于向异地法律援助机构请求协助。

格式八

法律援助审查表

编号：_____

当事人姓名			申请/通知日期	
证件类型及号码				
	类型	□刑事 □民事 □行政 □其他：_____		
当事人经济困难状况	不受经济困难条件限制的情形			
		□英雄烈士近亲属为维护英雄烈士的人格权益		
		□因见义勇为行为主张相关民事权益		
		□再审改判无罪请求国家赔偿		
		□遭受虐待、遗弃或者家庭暴力的受害人主张相关权益		
		□其他：_____		
	免予核查经济困难状况的情形			
		□无固定生活来源的未成年人、老年人、残疾人等特定群体		
		□社会救助对象		
		□司法救助对象		
		□优抚对象		
		□申请支付劳动报酬或请求工伤事故人身损害赔偿的进城务工人员		
		□其他：_____		
	是否符合法律援助经济困难标准		□是 □否	
	是否符合法律援助事项范围		□是 □否	
申请事项	□刑事代理案件（□被害人 □自诉人 □刑附民原告）			
	□刑事辩护案件			
	□依法请求国家赔偿			
	□请求给予社会保险待遇或者社会救助			
	□请求发给抚恤金			
	□请求给付赡养费、抚养费、扶养费			
	□请求确认劳动关系或者支付劳动报酬			
	□请求认定公民无民事行为能力或者限制民事行为能力			

续表

申请事项	☐请求工伤事故、交通事故、食品药品安全事故、医疗事故人身损害赔偿 ☐请求环境污染、生态破坏损害赔偿 ☐其他：_____
通知事项	刑事案件通知辩护情形 ☐未成年人 ☐视力、听力、言语残疾人 ☐不能完全辨认自己行为的成年人 ☐可能被判处无期徒刑、死刑的人 ☐申请法律援助的死刑复核案件被告人 ☐缺席审判案件的被告人 ☐其他适用普通程序审理的刑事案件被告人 ☐其他：_____ ☐属于强制医疗案件通知代理情形
所处阶段	☐尚未进入法律程序 ☐侦查 ☐审查起诉 ☐审判（☐一审 ☐二审 ☐再审） ☐调解 ☐仲裁 ☐死刑复核 ☐其他：_____
办理意见	按下列第____种情形办理： 1. 符合法律援助条件，给予法律援助。 2. 不符合法律援助条件，不予法律援助。 　　　　　　　　法律援助机构工作人员（签名）： 　　　　　　　　　　　　　　　　　　年　月　日
签批意见	 　　　　　　　　法律援助机构负责人（签名）： 　　　　　　　　　　　　　　　　　　年　月　日

格式九

给予法律援助决定书

编号：_____

_____：
　　你于____年___月___日向本机构提出的_____一案法律援助申请，经审查，符合法律援助条件，决定给予法律援助。

（公章）
　　　　　　年　　月　　日

说明：本文书一式两份，法律援助机构发送申请人一份，存档一份。

格式十

不予法律援助决定书

编号：_____

_____：
　　你于____年___月___日向本机构提出的_____一案法律援助申请，经审查，不符合_____的规定，决定不予法律援助。
　　如对本决定有异议，可以自收到本决定书之日起十五日内向_____提出。

（公章）
年　月　日

说明：本文书一式两份，法律援助机构发送申请人一份，存档一份。

格式十一

指派通知书

编号：_____

_____：
　　本机构决定对_____（受援人）_____一案提供法律援助，现指派你单位承办该案。请自收到本通知书之日起____日内安排合适承办人，并自收到指派通知书之日起____日内将承办人姓名和联系电话告知受援人或者其代理人及法律援助机构，与受援人或者其代理人签订委托代理/辩护协议和授权委托书。

法律援助机构地址：
联系人：
联系电话：

　　　　　　　　　　　　　　　　　　　（公章）
　　　　　　　　　　　　　　　　　年　　月　　日

说明：1. 本文书用于法律援助机构通知律师事务所、基层法律服务所等单位承办法律援助案件，一式两份，承办单位一份，法律援助机构存档一份。

　　2. 法律援助机构指派法律援助志愿者或者安排本机构工作人员办案的，可以参照适用本文书。

格式十二

委托代理/辩护协议

甲方　受援人姓名：
　　　证件类型及号码：
　　　住所/羁押地：　　　　　　　联系电话：

　　　代理人姓名：　　　　　　　　与受援人关系：
　　　证件类型及号码：　　　　　　联系电话：

乙方（承办单位）：
　　　地　　　址：　　　　　　　联系电话：

　　甲乙双方就甲方_____一案达成如下委托代理/辩护协议：
　　一、乙方接受甲方的委托，安排_____（承办人姓名）担任本案_____阶段的代理/辩护人，提供下列第_____种形式的法律援助服务：
　　（一）刑事辩护；（二）刑事代理；（三）民事诉讼代理；（四）行政诉讼代理；（五）国家赔偿案件的代理；（六）劳动争议调解与仲裁代理；（七）其他非诉讼代理；（八）其他形式（注明）_____。
　　二、甲方委托乙方承办人的权限包括_____
_____
_____
　　三、乙方承办人应当遵守职业道德和执业纪律，在受委托的权限内依法完成受托事项，维护甲方的合法权益。乙方承办人代理甲方以和解或者调解方式解决纠纷，应当征得甲方同意。对于可能符合司法救助条件的，乙方承办人应当告知甲方申请司法救助的方式和途径，并提供协助。
　　四、乙方及承办人不得要求甲方支付任何形式的费用，不得接受甲方的财物或者牟取其他利益。
　　五、甲方应当真实完整地叙述案件事实，及时提供证据材料，协助、配合办理法律援助事项，提出的要求应当明确、合法、合理，并对所提供证据材料的真实性、合法性负责；与案件有关的事实或者经济状况发生变化的，应当及时告知乙方承办人。

六、甲方有权向乙方承办人了解委托事项办理进展情况，进行法律咨询。乙方承办人应当向甲方通报案件办理情况，答复甲方询问。

七、甲方有证据证明乙方承办人不依法履行职责的，可以请求法律援助机构更换承办人。

法律援助机构决定更换的，乙方应当另行安排承办人，并与甲方变更本协议。乙方因客观原因无法另行安排的，应当书面报告法律援助机构。法律援助机构另行指派承办单位的，乙方应当与甲方解除本协议。

八、乙方承办人知悉下列情形之一的，有权中止委托事项，并及时向法律援助机构报告：

（一）甲方以欺骗或者其他不正当手段获得法律援助；

（二）甲方故意隐瞒与案件有关的重要事实或者提供虚假证据；

（三）甲方利用法律援助从事违法活动；

（四）甲方的经济状况发生变化，不再符合法律援助条件；

（五）案件终止审理或者已经被撤销；

（六）甲方自行委托律师或者其他代理人；

（七）甲方有正当理由要求终止法律援助；

（八）法律法规规定的其他情形。

法律援助机构决定终止法律援助的，甲乙双方解除本协议。

九、甲乙双方就下列事项进行约定：

_____

_____

十、本协议自双方签署之日起生效，至_____终止。本协议一式两份，甲乙双方各一份。

甲方（签名）：　　　　　　　乙方（公章）：
　　年　　月　　日　　　　　　年　　月　　日

说明：本文书用于律师事务所、基层法律服务所等承办单位与受援人签订委托协议。法律援助机构指派法律援助志愿者或者安排本机构工作人员办案的，可以参照本文书与受援人签订委托协议。

格式十三

法律援助公函

编号：_____

_____：
　　本机构于____年__月__日收到_____一案的_____（法律援助申请/通知辩护公函/通知代理公函），现按下列第___种情形处理：

　　1. 当事人符合法律援助条件，已指派_____（承办单位）_____（律师/基层法律服务工作者/法律援助志愿者/本机构工作人员/其他）担任其代理人/辩护人，执业证号/身份证号：_____，联系电话：_____。

　　2. 当事人不符合法律援助条件，根据_____的规定，决定不予法律援助。

　　特此函告。

联系电话：

（公章）

年　月　日

　　说明：本文书用于法律援助机构回复人民法院、人民检察院、公安机关、国家安全机关等办案机关，以及看守所、强制隔离戒毒所、监狱等监管场所的转交申请、通知辩护或者通知代理公函，也用于法律援助人员向有关单位表明身份，可根据需要开具多份。

格式十四

法律援助案件承办情况通报/报告记录

受援人：_____　　事项：_____　　编号：_____

序号	时间	方式	主要内容
1			
2			
3			
4			
5			
6			
7			
8			

承办人员（签名）：
年　　月　　日

说明：本文书用于承办人记载向受援人通报和向法律援助机构报告案件办理进展情况。

一、法律援助文书格式   23

格式十五

法律援助机构介绍信

编号：_____

_____：

兹介绍_____等_____人前往贵单位办理_____

_____。

请予协助。

联系人：

联系电话：

（公章）

年　月　日

说明：本文书由法律援助机构根据工作需要开具。

格式十六

更换法律援助人员申请表

编号：_____

申请人		事项	
承办单位		承办人	
申请更换的事实和理由		（附相关证据材料，共　　页） 申请人（签名）： 　　年　　月　　日	
审核意见		法律援助机构工作人员（签名）： 　　年　　月　　日	
审批意见		法律援助机构负责人（签名）： 　　年　　月　　日	

说明：1. 本文书用于法律援助机构对申请人提出更换法律援助人员的申请进行审批，申请人应详细说明申请更换的事实和理由，并在相应栏下签字。

2. 法律援助机构应对法律援助人员履行职责情况进行核实，依法作出是否更换的决定，并将变更决定及时告知申请人。

3. 承办人员按照规定申请变更指派的，可以参照适用本文书。

格式十七

更换法律援助人员通知书

编号：_____

_____（承办单位）：

　　本机构于____年____月____日收到_____（受援人）关于更换_____一案法律援助人员的申请。经审查，现按下列第____种情形处理：

　　1. 请你单位自收到本通知书之日起____日内更换承办人，并自更换承办人之日起____日内将更换后的承办人姓名和联系电话告知受援人及法律援助机构，与受援人变更委托代理/辩护协议和授权委托书，安排原承办人及时与更换后的承办人办理案件移交手续。

　　2. 你单位不再承办本案，请自收到本通知书之日起____日内与受援人解除委托代理/辩护协议和授权委托书，并将案件材料交回本机构。

（公章）

年　　月　　日

　　说明：本文书用于法律援助机构通知承办单位更换承办人，一式两份，承办单位一份，法律援助机构存档一份。

格式十八

终止法律援助决定书

编号：_____

_____：
　　本机构正在办理的_____一案，因_____
_____，根据_____规定，本机构决定终止法律援助。
　　如对本决定有异议，自收到决定书之日起十五日内，可以向_____
_____提出。

（公章）
年　　月　　日

说明：本文书一式两份，法律援助机构发送受援人一份，存档一份。

格式十九

终止法律援助公函

编号：_____

_____：

　　本机构对_____（受援人）_____一案提供法律援助，因_____，根据_____规定，现决定终止法律援助。特此函告。

（公章）
年　月　日

说明：本文书用于法律援助机构告知案件承办单位，以及人民法院、人民检察院、公安机关、国家安全机关、劳动人事争议调解仲裁机构、监管场所等有关单位终止法律援助的决定。一式四份，案件承办单位一份，办案机关一份，监管场所一份，法律援助机构存档一份。

格式二十

法律援助异议审查决定书

编号：_____

_____：

　　本机关于____年___月___日收到你对_____（法律援助机构）关于_____一案不予/终止法律援助决定提出的异议，经依法审查，现作出下列第____种决定：

　　1. 责令_____（法律援助机构）改正。

　　2. 维持_____（法律援助机构）的决定。理由和依据如下：_____
_____
_____。如对本决定不服，可以依法申请行政复议或者提起行政诉讼。

（公章）

年　　月　　日

说明：本文书一式三份，异议申请人一份，法律援助机构一份，司法行政机关存档一份。

格式二十一

结案报告表

编号：_____

受援人		事项			
办案机关		指派日期		结案日期	
所处阶段	☐侦查　☐审查起诉　☐审判（☐一审　☐二审　☐再审） ☐调解　☐仲裁　☐死刑复核　☐其他：_____				
援助形式	☐刑事辩护　☐刑事代理　☐民事诉讼代理 ☐行政诉讼代理　☐国家赔偿案件的代理 ☐劳动争议调解与仲裁代理 ☐其他非诉讼代理　☐其他：_____				
承办情况 小结 （可附页）	承办人（签名）：　　　　　　　承办单位（公章） 　　　　　　　　　　　　　　　　　　年　月　日				
承办结果	民事/行政：　☐判决/裁决结案（☐胜诉　☐败诉 　　　　　　　　　　　　　　☐部分胜诉） 　　　　　　☐调解　☐和解　☐撤诉/撤回申请 刑事：　☐意见被全部采纳　☐意见被部分采纳 　　　　☐意见未被采纳 其他： 挽回经济损失或者取得利益（单位：万元）				
备注					

说明：本文书用于承办人记载法律援助案件办理情况，结案后与卷宗材料一同提交法律援助机构。

格式二十二

送达回证

送达文书名称			
发送单位		送达方式	
送达地址			
受送达人（签名）		送达日期	
代收人（签名）及代收理由			
拒绝或无法送达原因			
备注			

说明：1. 本文书用于证明向受送达人送达了法律援助相关决定书、通知书等。

2. 送达方式参照民事诉讼法关于送达的规定。

3. 送达回证签收后退还发送该文书的法律援助机构或者司法行政机关。

格式二十三

法律帮助申请表

申请人姓名		性别		涉嫌罪名/事由	
证件类型及号码					
被羁押看守所					
刑事诉讼阶段					

本人没有辩护人，申请值班律师提供法律帮助。

申请人（签名）：
年　　月　　日

看守所民警（签名）：
年　　月　　日

值班律师（签名）：
年　　月　　日

说明：1. 本文书用于羁押在看守所的犯罪嫌疑人、被告人书面或者口头申请值班律师提供法律帮助的情形。

2. 被羁押的犯罪嫌疑人、被告人口头申请的，由看守所民警代为填写。

格式二十四

<u>　　　　</u>公安局
值班律师提供法律帮助通知书

<u>　　　　</u>法律援助中心：

　　本局办理的犯罪嫌疑人<u>　　　　</u>涉嫌<u>　　　　　　　</u>一案，因其没有辩护人，根据《中华人民共和国刑事诉讼法》第三十六条规定，请依法安排值班律师为其提供法律帮助。犯罪嫌疑人现羁押于<u>　　　　</u><u>　　　　　　　　　　　　　</u>。

联系人：
联系电话：

（公章）
年　　月　　日

说明：本文书用于公安机关通知法律援助机构安排值班律师提供法律帮助。

格式二十五

_____国家安全局
值班律师提供法律帮助通知书

_____法律援助中心：

　　本局办理的犯罪嫌疑人_____涉嫌_____一案，因其没有辩护人，根据《中华人民共和国刑事诉讼法》第三十六条规定，请依法安排值班律师为其提供法律帮助。犯罪嫌疑人现羁押于_____。

联系人：
联系电话：

（公章）
年　月　日

说明：本文书用于国家安全机关通知法律援助机构安排值班律师提供法律帮助。

格式二十六

_____人民检察院
值班律师提供法律帮助通知书

_____法律援助中心：

　　本院办理的犯罪嫌疑人_____涉嫌_____一案，因其没有辩护人，根据《中华人民共和国刑事诉讼法》第三十六条规定，请依法安排值班律师为其提供法律帮助。犯罪嫌疑人现羁押/居住于_____。

　　附：起诉意见书副本一份

联系人：
联系电话：

（公章）
年　月　日

说明：本文书用于人民检察院通知法律援助机构安排值班律师提供法律帮助，需附起诉意见书副本。

格式二十七

_____人民法院
值班律师提供法律帮助通知书

_____法律援助中心：
　　本院办理的被告人_____涉嫌_____一案，因其没有辩护人，根据《中华人民共和国刑事诉讼法》第三十六条规定，请依法安排值班律师为其提供法律帮助。被告人现羁押于_____。
　　附：起诉书/判决书副本一份

联系人：
联系电话：

（公章）
年　　月　　日

　　说明：本文书用于人民法院通知法律援助机构安排值班律师提供法律帮助，需附起诉书或者判决书副本。

格式二十八

值班律师提供法律帮助情况登记表

填表日期：　　　　　　　　　　　　　　编号：_____

受援人姓名		性别		涉嫌罪名/事项	
证件类型及号码					
羁押地/住址					
办案机关					
提供法律帮助情况（可多选）	□提供法律咨询　　　　　　□帮助申请法律援助 □帮助申请变更强制措施　　□提供程序选择建议 □对案件处理提出法律意见 □犯罪嫌疑人签署认罪认罚具结书时在场 □其他				
简要情况记录					

　　　　　　　　　　　　　　　　　值班律师（签名）：
　　　　　　　　　　　　　　　　　　　联系电话：
　　　　　　　　　　　　　　　　　　　所在执业机构：
　　　　　　　　　　　　　　　　　　　　　　年　　月　　日

说明：本文书用于值班律师登记提供法律帮助的情况。

格式二十九

值班律师法律帮助工作台账

序号	日期	受援人姓名	涉嫌罪名	值班律师	律师所在执业机构	提供法律帮助情况	办案机关或看守所工作人员签字

说明：1. 本文书用于值班律师记录提供法律帮助情况。

2. 提供法律帮助情况包括以下情形，可以单项或者多项：A 提供法律咨询 B 帮助申请法律援助 C 帮助申请变更强制措施 D 提供程序选择建议 E 对案件处理提出意见 F 犯罪嫌疑人签署认罪认罚具结书时在场。

格式三十

庭审旁听情况记录表

编号：＿＿＿＿

受援人		事项	
庭审时间	年　月　日　时　分至　时　分		
庭审地点		庭审人员	
旁听人员评价	庭前准备情况		
	举证情况		
	质证情况		
	发问情况		
	陈述情况		
	发表代理/辩护意见情况		
	总体评价	□优秀　□良好　□合格　□不合格	
备注			

旁听人员（签名）：
　　　年　月　日

说明：法律援助机构可以根据工作需要对法律援助案件进行庭审旁听，并填写本表。

格式三十一

征询办案机关意见函

编号：_____

_____：
_____（受援人）_____一案由你单位办理，现对_____（法律援助人员）提供法律援助服务情况，征求你单位意见，请予协助。

附：办案机关意见表一份

联系人：
联系电话：

（公章）
年 月 日

说明：本文书用于法律援助机构根据工作需要，征求人民法院、人民检察院、公安机关、劳动人事争议调解仲裁机构等单位的意见，了解法律援助人员履行职责情况。

附：

办案机关意见表

受援人		事项	
法律援助人员		所在单位	
提供法律援助服务情况	对案情了解情况	□详细　□一般　□较少	
	举证工作准备情况	□充分　□一般　□未准备	
	有无拖延推诿情况	□有　□无	
	是否按时阅卷	□是　□否	
	是否会（约）见受援人	□是　□否	
	是否按时参加庭审	□是　□否　□本案不开庭	
	是否按时提交证据	□是　□否	
	是否按时提交代理/辩护意见	□是　□否	
	代理/辩护意见被采纳情况	□全部采纳　□部分采纳　□未采纳	
	是否遵守办案程序和办案纪律	□是　□否	
	工作整体评价	□优良　□一般　□较差	
意见和建议			

签字：
年　月　日

格式三十二

受援人回访记录表

回访时间： 　　　　　　　　　　　　编号：＿＿＿＿

受援人		事项	
法律援助人员		单位	
回访方式	□电话 □信函 □当面 □其他：＿＿＿＿		
被回访人		与受援人关系	□本人 □其他：＿＿＿
回访内容	1. 问：您有没有因＿＿＿＿＿（事项）向＿＿＿＿＿（法律援助机构）申请过法律援助？ 　　答：＿＿＿＿＿＿＿＿＿＿ 2. 问：法律援助人员有无收费或收取财物现象？ 　　答：＿＿＿＿＿＿＿＿＿＿ 3. 问：法律援助人员是否与您约见谈话，详细了解案情？ 　　答：＿＿＿＿＿＿＿＿＿＿ 4. 问：您对法律援助服务是否满意？ 　　答：＿＿＿＿＿＿＿＿＿＿ 5. 问：对法律援助工作有何意见和建议？ 　　答：＿＿＿＿＿＿＿＿＿＿ 6. 问：＿＿＿＿＿＿＿＿＿＿ 　　答：＿＿＿＿＿＿＿＿＿＿ 　　　　　　　　　　回访人（签字）： 　　　　　　　　　　　　　年　月　日			

说明：1. 本文书用于法律援助机构根据工作需要，回访受援人，了解法律援助人员履行职责情况。

2. 法律援助机构可以根据实际情况，增加回访内容。

二、法律援助实用法律法规

中华人民共和国法律援助法

（2021年8月20日第十三届全国人民代表大会常务委员会第三十次会议通过 2021年8月20日中华人民共和国主席令第93号公布 自2022年1月1日起施行）

目 录

第一章 总 则
第二章 机构和人员
第三章 形式和范围
第四章 程序和实施
第五章 保障和监督
第六章 法律责任
第七章 附 则

第一章 总 则

★ **第一条** 为了规范和促进法律援助工作，保障公民和有关当事人的合法权益，保障法律正确实施，维护社会公平正义，制定本法。

★ **第二条** 本法所称法律援助，是国家建立的为经济困难公民和符合法定条件的其他当事人无偿提供法律咨询、代理、刑事辩护等法律服务的制度，是公共法律服务体系的组成部分。

★ **第三条** 法律援助工作坚持中国共产党领导，坚持以人民为中心，尊重和保障人权，遵循公开、公平、公正的原则，实行国家保障与社会参与相结合。

第四条 县级以上人民政府应当将法律援助工作纳入国民经济和社会发展规划、基本公共服务体系，保障法律援助事业与经济社会协调发展。

县级以上人民政府应当健全法律援助保障体系，将法律援助相关经费列入本级政府预算，建立动态调整机制，保障法律援助工作需要，促进法律援助均衡发展。

第五条 国务院司法行政部门指导、监督全国的法律援助工作。县级以上地方人民政府司法行政部门指导、监督本行政区域的法律援助工作。

县级以上人民政府其他有关部门依照各自职责，为法律援助工作提供支持和保障。

第六条 人民法院、人民检察院、公安机关应当在各自职责范围内保障当事人依法获得法律援助，为法律援助人员开展工作提供便利。

第七条 律师协会应当指导和支持律师事务所、律师参与法律援助工作。

第八条 国家鼓励和支持群团组织、事业单位、社会组织在司法行政部门指导下，依法提供法律援助。

第九条 国家鼓励和支持企业事业单位、社会组织和个人等社会力量，依法通过捐赠等方式为法律援助事业提供支持；对符合条件的，给予税收优惠。

第十条 司法行政部门应当开展经常性的法律援助宣传教育，普及法律援助知识。

新闻媒体应当积极开展法律援助公益宣传，并加强舆论监督。

第十一条 国家对在法律援助工作中做出突出贡献的组织和个人，按照有关规定给予表彰、奖励。

第二章 机构和人员

✿ **第十二条** 县级以上人民政府司法行政部门应当设立法律援助机构。法律援助机构负责组织实施法律援助工作，受理、审查法律援助申请，指派律师、基层法律服务工作者、法律援助志愿者等法律援助人员提供法律援助，支付法律援助补贴。

第十三条 法律援助机构根据工作需要，可以安排本机构具有律师资格或者法律职业资格的工作人员提供法律援助；可以设置法律援助工作站或者联络点，就近受理法律援助申请。

第十四条　法律援助机构可以在人民法院、人民检察院和看守所等场所派驻值班律师，依法为没有辩护人的犯罪嫌疑人、被告人提供法律援助。

第十五条　司法行政部门可以通过政府采购等方式，择优选择律师事务所等法律服务机构为受援人提供法律援助。

第十六条　律师事务所、基层法律服务所、律师、基层法律服务工作者负有依法提供法律援助的义务。

律师事务所、基层法律服务所应当支持和保障本所律师、基层法律服务工作者履行法律援助义务。

★　第十七条　国家鼓励和规范法律援助志愿服务；支持符合条件的个人作为法律援助志愿者，依法提供法律援助。

高等院校、科研机构可以组织从事法学教育、研究工作的人员和法学专业学生作为法律援助志愿者，在司法行政部门指导下，为当事人提供法律咨询、代拟法律文书等法律援助。

法律援助志愿者具体管理办法由国务院有关部门规定。

★　第十八条　国家建立健全法律服务资源依法跨区域流动机制，鼓励和支持律师事务所、律师、法律援助志愿者等在法律服务资源相对短缺地区提供法律援助。

第十九条 法律援助人员应当依法履行职责，及时为受援人提供符合标准的法律援助服务，维护受援人的合法权益。

★★ 第二十条 法律援助人员应当恪守职业道德和执业纪律，不得向受援人收取任何财物。

★★ 第二十一条 法律援助机构、法律援助人员对提供法律援助过程中知悉的国家秘密、商业秘密和个人隐私应当予以保密。

第三章 形式和范围

★★ 第二十二条 法律援助机构可以组织法律援助人员依法提供下列形式的法律援助服务：

（一）法律咨询；

（二）代拟法律文书；

（三）刑事辩护与代理；

（四）民事案件、行政案件、国家赔偿案件的诉讼代理及非诉讼代理；

（五）值班律师法律帮助；

（六）劳动争议调解与仲裁代理；

（七）法律、法规、规章规定的其他形式。

第二十三条 法律援助机构应当通过服务窗口、电话、网络等多种方式提供法律咨询服务；提示当事人享有依法申请法律援助的权利，并告知申请法律援助的条件和程序。

第二十四条　刑事案件的犯罪嫌疑人、被告人因经济困难或者其他原因没有委托辩护人的，本人及其近亲属可以向法律援助机构申请法律援助。

✰✰　第二十五条　刑事案件的犯罪嫌疑人、被告人属于下列人员之一，没有委托辩护人的，人民法院、人民检察院、公安机关应当通知法律援助机构指派律师担任辩护人：

（一）未成年人；

（二）视力、听力、言语残疾人；

（三）不能完全辨认自己行为的成年人；

（四）可能被判处无期徒刑、死刑的人；

（五）申请法律援助的死刑复核案件被告人；

（六）缺席审判案件的被告人；

（七）法律法规规定的其他人员。

其他适用普通程序审理的刑事案件，被告人没有委托辩护人的，人民法院可以通知法律援助机构指派律师担任辩护人。

✰✰　第二十六条　对可能被判处无期徒刑、死刑的人，以及死刑复核案件的被告人，法律援助机构收到人民法院、人民检察院、公安机关通知后，应当指派具有三年以上相关执业经历的律师担任辩护人。

第二十七条 人民法院、人民检察院、公安机关通知法律援助机构指派律师担任辩护人时，不得限制或者损害犯罪嫌疑人、被告人委托辩护人的权利。

第二十八条 强制医疗案件的被申请人或者被告人没有委托诉讼代理人的，人民法院应当通知法律援助机构指派律师为其提供法律援助。

第二十九条 刑事公诉案件的被害人及其法定代理人或者近亲属，刑事自诉案件的自诉人及其法定代理人，刑事附带民事诉讼案件的原告人及其法定代理人，因经济困难没有委托诉讼代理人的，可以向法律援助机构申请法律援助。

第三十条 值班律师应当依法为没有辩护人的犯罪嫌疑人、被告人提供法律咨询、程序选择建议、申请变更强制措施、对案件处理提出意见等法律帮助。

★★ **第三十一条** 下列事项的当事人，因经济困难没有委托代理人的，可以向法律援助机构申请法律援助：

（一）依法请求国家赔偿；

（二）请求给予社会保险待遇或者社会救助；

（三）请求发给抚恤金；

（四）请求给付赡养费、抚养费、扶养费；

（五）请求确认劳动关系或者支付劳动报酬；

（六）请求认定公民无民事行为能力或者限制民事

行为能力；

（七）请求工伤事故、交通事故、食品药品安全事故、医疗事故人身损害赔偿；

（八）请求环境污染、生态破坏损害赔偿；

（九）法律、法规、规章规定的其他情形。

★★ **第三十二条** 有下列情形之一，当事人申请法律援助的，不受经济困难条件的限制：

（一）英雄烈士近亲属为维护英雄烈士的人格权益；

（二）因见义勇为行为主张相关民事权益；

（三）再审改判无罪请求国家赔偿；

（四）遭受虐待、遗弃或者家庭暴力的受害人主张相关权益；

（五）法律、法规、规章规定的其他情形。

★ **第三十三条** 当事人不服司法机关生效裁判或者决定提出申诉或者申请再审，人民法院决定、裁定再审或者人民检察院提出抗诉，因经济困难没有委托辩护人或者诉讼代理人的，本人及其近亲属可以向法律援助机构申请法律援助。

第三十四条 经济困难的标准，由省、自治区、直辖市人民政府根据本行政区域经济发展状况和法律援助工作需要确定，并实行动态调整。

第四章　程序和实施

第三十五条 人民法院、人民检察院、公安机关和有关部门在办理案件或者相关事务中，<u>应当及时告知有关当事人有权依法申请法律援助</u>。

★★ **第三十六条** 人民法院、人民检察院、公安机关办理刑事案件，发现有本法第二十五条第一款、第二十八条规定情形的，应当在<u>三日内</u>通知法律援助机构指派律师。法律援助机构收到通知后，应当在<u>三日内</u>指派律师并通知人民法院、人民检察院、公安机关。

第三十七条 人民法院、人民检察院、公安机关应当保障值班律师依法提供法律帮助，告知没有辩护人的犯罪嫌疑人、被告人有权约见值班律师，并依法为值班律师了解案件有关情况、阅卷、会见等提供便利。

第三十八条 对诉讼事项的法律援助，由申请人向办案机关所在地的法律援助机构提出申请；对非诉讼事项的法律援助，由申请人向争议处理机关所在地或者事由发生地的法律援助机构提出申请。

★★ **第三十九条** 被羁押的犯罪嫌疑人、被告人、服刑人员，以及强制隔离戒毒人员等提出法律援助申请的，办案机关、监管场所应当在<u>二十四小时内</u>将申请转交法律援助机构。

犯罪嫌疑人、被告人通过值班律师提出代理、刑事辩护等法律援助申请的，值班律师应当在<u>二十四小时内</u>将申请转交法律援助机构。

第四十条 无民事行为能力人或者限制民事行为能

力人需要法律援助的，可以由其法定代理人代为提出申请。法定代理人侵犯无民事行为能力人、限制民事行为能力人合法权益的，其他法定代理人或者近亲属可以代为提出法律援助申请。

被羁押的犯罪嫌疑人、被告人、服刑人员，以及强制隔离戒毒人员，可以由其法定代理人或者近亲属代为提出法律援助申请。

第四十一条　因经济困难申请法律援助的，申请人应当如实说明经济困难状况。

法律援助机构核查申请人的经济困难状况，可以通过信息共享查询，或者由申请人进行个人诚信承诺。

法律援助机构开展核查工作，有关部门、单位、村民委员会、居民委员会和个人应当予以配合。

☆☆ 第四十二条　法律援助申请人有材料证明属于下列人员之一的，免予核查经济困难状况：

（一）无固定生活来源的未成年人、老年人、残疾人等特定群体；

（二）社会救助、司法救助或者优抚对象；

（三）申请支付劳动报酬或者请求工伤事故人身损害赔偿的进城务工人员；

（四）法律、法规、规章规定的其他人员。

★ 第四十三条　法律援助机构应当自收到法律援助申请之日起七日内进行审查，作出是否给予法律援助的决定。决定给予法律援助的，应当自作出决定之日起三日内指派法律援助人员为受援人提供法律援助；决定不给予法律援助的，应当书面告知申请人，并说明理由。

申请人提交的申请材料不齐全的，法律援助机构应当一次性告知申请人需要补充的材料或者要求申请人作出说明。申请人未按要求补充材料或者作出说明的，视为撤回申请。

★ **第四十四条** 法律援助机构收到法律援助申请后，发现有下列情形之一的，可以决定先行提供法律援助：

（一）距法定时效或者期限届满不足七日，需要及时提起诉讼或者申请仲裁、行政复议；

（二）需要立即申请财产保全、证据保全或者先予执行；

（三）法律、法规、规章规定的其他情形。

法律援助机构先行提供法律援助的，受援人应当及时补办有关手续，补充有关材料。

第四十五条 法律援助机构为老年人、残疾人提供法律援助服务的，应当根据实际情况提供无障碍设施设备和服务。

法律法规对向特定群体提供法律援助有其他特别规定的，依照其规定。

第四十六条 法律援助人员接受指派后，无正当理由不得拒绝、拖延或者终止提供法律援助服务。

法律援助人员应当按照规定向受援人通报法律援助事项办理情况，不得损害受援人合法权益。

第四十七条　受援人应当向法律援助人员如实陈述与法律援助事项有关的情况，及时提供证据材料，协助、配合办理法律援助事项。

★★ 第四十八条　有下列情形之一的，法律援助机构应当作出终止法律援助的决定：

（一）受援人以欺骗或者其他不正当手段获得法律援助；

（二）受援人故意隐瞒与案件有关的重要事实或者提供虚假证据；

（三）受援人利用法律援助从事违法活动；

（四）受援人的经济状况发生变化，不再符合法律援助条件；

（五）案件终止审理或者已经被撤销；

（六）受援人自行委托律师或者其他代理人；

（七）受援人有正当理由要求终止法律援助；

（八）法律法规规定的其他情形。

法律援助人员发现有前款规定情形的，应当及时向法律援助机构报告。

第四十九条　申请人、受援人对法律援助机构不予法律援助、终止法律援助的决定有异议的，可以向设立该法律援助机构的司法行政部门提出。

司法行政部门应当自收到异议之日起<u>五日内</u>进行审查，作出维持法律援助机构决定或者责令法律援助机构改正的决定。

申请人、受援人对司法行政部门维持法律援助机构决定不服的，可以依法申请行政复议或者提起行政诉讼。

第五十条 法律援助事项办理结束后，法律援助人员应当及时向法律援助机构报告，提交有关法律文书的副本或者复印件、办理情况报告等材料。

第五章　保障和监督

第五十一条 国家加强法律援助信息化建设，促进司法行政部门与司法机关及其他有关部门实现信息共享和工作协同。

第五十二条 法律援助机构应当依照有关规定及时向法律援助人员支付法律援助补贴。

法律援助补贴的标准，由省、自治区、直辖市人民政府司法行政部门会同同级财政部门，根据当地经济发展水平和法律援助的服务类型、承办成本、基本劳务费用等确定，并实行动态调整。

法律援助补贴免征增值税和个人所得税。

★★ **第五十三条** <u>人民法院应当根据情况对受援人缓</u>

收、减收或者免收诉讼费用；对法律援助人员复制相关材料等费用予以免收或者减收。

公证机构、司法鉴定机构应当对受援人减收或者免收公证费、鉴定费。

第五十四条 县级以上人民政府司法行政部门应当有计划地对法律援助人员进行培训，提高法律援助人员的专业素质和服务能力。

★ **第五十五条** 受援人有权向法律援助机构、法律援助人员了解法律援助事项办理情况；法律援助机构、法律援助人员未依法履行职责的，受援人可以向司法行政部门投诉，并可以请求法律援助机构更换法律援助人员。

第五十六条 司法行政部门应当建立法律援助工作投诉查处制度；接到投诉后，应当依照有关规定受理和调查处理，并及时向投诉人告知处理结果。

第五十七条 司法行政部门应当加强对法律援助服务的监督，制定法律援助服务质量标准，通过第三方评估等方式定期进行质量考核。

第五十八条 司法行政部门、法律援助机构应当建立法律援助信息公开制度，定期向社会公布法律援助资金使用、案件办理、质量考核结果等情况，接受社会监督。

第五十九条 法律援助机构应当综合运用庭审旁

听、案卷检查、征询司法机关意见和回访受援人等措施，督促法律援助人员提升服务质量。

第六十条　律师协会应当将律师事务所、律师履行法律援助义务的情况纳入年度考核内容，对拒不履行或者怠于履行法律援助义务的律师事务所、律师，依照有关规定进行惩戒。

第六章　法律责任

★★ 第六十一条　法律援助机构及其工作人员有下列情形之一的，由设立该法律援助机构的司法行政部门责令限期改正；有违法所得的，责令退还或者没收违法所得；对直接负责的主管人员和其他直接责任人员，依法给予处分：

（一）拒绝为符合法律援助条件的人员提供法律援助，或者故意为不符合法律援助条件的人员提供法律援助；

（二）指派不符合本法规定的人员提供法律援助；

（三）收取受援人财物；

（四）从事有偿法律服务；

（五）侵占、私分、挪用法律援助经费；

（六）泄露法律援助过程中知悉的国家秘密、商业秘密和个人隐私；

（七）法律法规规定的其他情形。

第六十二条　律师事务所、基层法律服务所有下列情形之一的，由司法行政部门依法给予处罚：

（一）无正当理由拒绝接受法律援助机构指派；

（二）接受指派后，不及时安排本所律师、基层法律服务工作者办理法律援助事项或者拒绝为本所律师、基层法律服务工作者办理法律援助事项提供支持和保障；

（三）纵容或者放任本所律师、基层法律服务工作者怠于履行法律援助义务或者擅自终止提供法律援助；

（四）法律法规规定的其他情形。

第六十三条　律师、基层法律服务工作者有下列情形之一的，由司法行政部门依法给予处罚：

（一）无正当理由拒绝履行法律援助义务或者怠于履行法律援助义务；

（二）擅自终止提供法律援助；

（三）收取受援人财物；

（四）泄露法律援助过程中知悉的国家秘密、商业秘密和个人隐私；

（五）法律法规规定的其他情形。

★★ 第六十四条　受援人以欺骗或者其他不正当手段获得法律援助的，由司法行政部门责令其支付已实施法律援助的费用，并处三千元以下罚款。

第六十五条 违反本法规定，冒用法律援助名义提供法律服务并谋取利益的，由司法行政部门责令改正，没收违法所得，并处违法所得一倍以上三倍以下罚款。

第六十六条 国家机关及其工作人员在法律援助工作中滥用职权、玩忽职守、徇私舞弊的，对直接负责的主管人员和其他直接责任人员，依法给予处分。

第六十七条 违反本法规定，构成犯罪的，依法追究刑事责任。

第七章 附　　则

第六十八条 工会、共产主义青年团、妇女联合会、残疾人联合会等群团组织开展法律援助工作，参照适用本法的相关规定。

★ **第六十九条** 对外国人和无国籍人提供法律援助，我国法律有规定的，适用法律规定；我国法律没有规定的，可以根据我国缔结或者参加的国际条约，或者按照互惠原则，参照适用本法的相关规定。

第七十条 对军人军属提供法律援助的具体办法，由国务院和中央军事委员会有关部门制定。

第七十一条 本法自 2022 年 1 月 1 日起施行。

法律援助法实施工作办法

（2023年11月20日）

第一条 为规范和促进法律援助工作，保障法律正确实施，根据《中华人民共和国法律援助法》等有关法律规定，制定本办法。

★ **第二条** 法律援助工作坚持中国共产党领导，坚持以人民为中心，尊重和保障人权，遵循公开、公平、公正的原则，实行国家保障与社会参与相结合。

第三条 司法部指导、监督全国的法律援助工作。县级以上司法行政机关指导、监督本行政区域的法律援助工作。

第四条 人民法院、人民检察院、公安机关应当在各自职责范围内保障当事人依法获得法律援助，为法律援助人员开展工作提供便利。

人民法院、人民检察院、公安机关、司法行政机关应当建立健全沟通协调机制，做好权利告知、申请转交、案件办理等方面的衔接工作，保障法律援助工作正常开展。

★★ **第五条** 司法行政机关指导、监督法律援助工作，依法履行下列职责：

（一）组织贯彻法律援助法律、法规和规章等，健全法律援助制度，加强信息化建设、人员培训、普法宣传等工作；

（二）指导监督法律援助机构和法律援助工作人员，监督管理法律援助服务质量和经费使用等工作；

（三）协调推进高素质法律援助队伍建设，统筹调配法律服务资源，支持和规范社会力量参与法律援助工作；

（四）对在法律援助工作中做出突出贡献的组织、个人，按照有关规定给予表彰、奖励；

（五）受理和调查处理管辖范围内的法律援助异议、投诉和举报；

（六）建立法律援助信息公开制度，依法向社会公布法律援助相关法律法规、政策公告、案件质量监督管理情况等信息，接受社会监督；

（七）其他依法应当履行的职责。

★★ 第六条　人民法院、人民检察院、公安机关在办理案件或者相关事务中，依法履行下列职责：

（一）及时告知有关当事人有权依法申请法律援助，转交被羁押的犯罪嫌疑人、被告人提出的法律援助申请；

（二）告知没有委托辩护人，法律援助机构也没有指派律师为其提供辩护的犯罪嫌疑人、被告人有权约见值班律师，保障值班律师依法提供法律帮助；

（三）刑事案件的犯罪嫌疑人、被告人属于《中华人民共和国法律援助法》规定应当通知辩护情形的，通知法律援助机构指派符合条件的律师担任辩护人；

（四）为法律援助人员依法了解案件有关情况、阅卷、会见等提供便利；

（五）其他依法应当履行的职责。

★ **第七条** 看守所、监狱、强制隔离戒毒所等监管场所依法履行下列职责：

（一）转交被羁押的犯罪嫌疑人、被告人、服刑人员，以及强制隔离戒毒人员等提出的法律援助申请；

（二）为法律援助人员依法了解案件有关情况、会见等提供便利；

（三）其他依法应当履行的职责。

★ **第八条** 法律援助机构组织实施法律援助工作，依法履行下列职责：

（一）通过服务窗口、电话、网络等多种方式提供法律咨询服务，提示当事人享有依法申请法律援助的权利，并告知申请法律援助的条件和程序；

（二）受理、审查法律援助申请，及时作出给予或者不给予法律援助的决定；

（三）指派或者安排法律援助人员提供符合标准的

法律援助服务；

（四）支付法律援助补贴；

（五）根据工作需要设置法律援助工作站或者联络点；

（六）定期向社会公布法律援助资金使用、案件办理、质量考核工作等信息，接受社会监督；

（七）其他依法应当履行的职责。

第九条 人民法院、人民检察院、公安机关依法履行如下告知义务：

（一）公安机关、人民检察院在第一次讯问犯罪嫌疑人或者对犯罪嫌疑人采取强制措施的时候，应当告知犯罪嫌疑人有权委托辩护人，并告知其如果符合法律援助条件，本人及其近亲属可以向法律援助机构申请法律援助；

（二）人民检察院自收到移送审查起诉的案件材料之日起三日内，应当告知犯罪嫌疑人有权委托辩护人，并告知其如果符合法律援助条件，本人及其近亲属可以向法律援助机构申请法律援助，应当告知被害人及其法定代理人或者近亲属有权委托诉讼代理人，并告知其如果符合法律援助条件，可以向法律援助机构申请法律援助；

（三）人民法院自受理案件之日起三日内，应当告知案件当事人及其法定代理人或者近亲属有权依法申请法律援助；

（四）当事人不服司法机关生效裁判或者决定提出申诉或者申请再审，人民法院决定、裁定再审或者人民检察院提出抗诉的，应当自决定、裁定再审或者提出抗诉之日起三日内履行相关告知职责；

（五）犯罪嫌疑人、被告人具有《中华人民共和国法律援助法》第二十五条规定情形的，人民法院、人民检察院、公安机关应当告知其如果不委托辩护人，将依法通知法律援助机构为其指派辩护人。

第十条 告知可以采取口头或者书面方式，告知的内容应当易于被告知人理解。当面口头告知的，应当制作笔录，由被告知人签名；电话告知的，应当记录在案；书面告知的，应当将送达回执入卷。对于被告知人当场表达申请法律援助意愿的，应当记录在案。

第十一条 被羁押的犯罪嫌疑人、被告人、服刑人员，以及强制隔离戒毒人员等提出法律援助申请的，人民法院、人民检察院、公安机关及监管场所应当在收到申请后二十四小时内将申请转交法律援助机构，并于三日内通知申请人的法定代理人、近亲属或者其委托的其他人员协助向法律援助机构提供有关证件、证明等材料。因申请人原因无法通知其法定代理人、近亲属或者其委托的其他人员的，应当在转交申请时一并告知法律援助机构，法律援助机构应当做好记录。

对于犯罪嫌疑人、被告人申请法律援助的案件，法律援助机构可以向人民法院、人民检察院、公安机关了解案件办理过程中掌握的犯罪嫌疑人、被告人是否具有经济困难等法定法律援助申请条件的情况。

★ **第十二条** 人民法院、人民检察院、公安机关发现犯罪嫌疑人、被告人属于《中华人民共和国法律援助法》规定应当通知辩护情形的，应当自发现之日起三日内，通知法律援助机构指派律师。

人民法院、人民检察院、公安机关通知法律援助机构指派律师担任辩护人的，应当将法律援助通知文书、采取强制措施决定书或者起诉意见书、起诉书副本、判决书等文书材料送交法律援助机构。

法律援助通知文书应当载明犯罪嫌疑人或者被告人的姓名、涉嫌的罪名、羁押场所或者住所、通知辩护的理由和依据、办案机关联系人姓名和联系方式等。

第十三条 人民法院自受理强制医疗申请或者发现被告人符合强制医疗条件之日起三日内，对于被申请人或者被告人没有委托诉讼代理人的，应当向法律援助机构送交法律援助通知文书，通知法律援助机构指派律师担任被申请人或者被告人的诉讼代理人，为其提供法律援助。

人民检察院提出强制医疗申请的，人民法院应当将强制医疗申请书副本一并送交法律援助机构。

法律援助通知文书应当载明被申请人或者被告人的姓名、法定代理人的姓名和联系方式、办案机关及联系人姓名和联系方式。

第十四条 值班律师依法为没有辩护人的犯罪嫌疑人、被告人提供法律咨询、程序选择建议、申请变更强制措施、对案件处理提出意见等法律帮助。

人民法院、人民检察院、公安机关应当在确定的法律帮助日期前三个工作日,将法律帮助通知书送达法律援助机构,或者直接送达现场值班律师。该期间没有安排现场值班律师的,法律援助机构应当自收到法律帮助通知书之日起两个工作日内确定值班律师,并通知人民法院、人民检察院、公安机关。

第十五条 当事人以人民法院、人民检察院、公安机关给予国家司法救助的决定或者人民法院给予司法救助的决定为依据,向法律援助机构申请法律援助的,法律援助机构免予核查经济困难状况。

第十六条 法律援助机构应当自收到法律援助申请之日起七日内进行审查,作出是否给予法律援助的决定。决定给予法律援助的,应当自作出决定之日起三日内指派法律援助人员为受援人提供法律援助;决定不给予法律援助的,应当书面告知申请人,并说明理由。

法律援助机构应当自收到人民法院、人民检察院、公安机关的法律援助通知文书之日起三日内,指派律师并函告人民法院、人民检察院、公安机关，法律援助公函应当载明承办律师的姓名、所属单位及联系方式。

第十七条 法律援助人员应当遵守有关法律、法规、规章和规定，根据案件情况做好会见、阅卷、调查情况、收集证据、参加庭审、提交书面意见等工作，依法为受援人提供符合标准的法律援助服务。

★ 第十八条 人民法院确定案件开庭日期时，应当为法律援助人员出庭预留必要的准备时间，并在开庭三日前通知法律援助人员，但法律另有规定的除外。

人民法院决定变更开庭日期的，应当在开庭三日前通知法律援助人员，但法律另有规定的除外。法律援助人员有正当理由不能按时出庭的，可以申请人民法院延期开庭。人民法院同意延期开庭的，应当及时通知法律援助人员。

第十九条 人民法院、人民检察院、公安机关对犯罪嫌疑人、被告人变更强制措施或者羁押场所的，应当及时告知承办法律援助案件的律师。

第二十条 对于刑事法律援助案件，公安机关在撤销案件或者移送审查起诉后，人民检察院在作出提起公诉、不起诉或者撤销案件决定后，人民法院在终止审理或者作出裁决后，以及公安机关、人民检察院、人民法院将案件移送其他机关办理后，应当在五日内将相关法律文书副本或者复印件送达承办法律援助案件的律师。

公安机关的起诉意见书,人民检察院的起诉书、不起诉决定书,人民法院的判决书、裁定书等法律文书,应当载明作出指派的法律援助机构名称、承办律师姓名以及所属单位等情况。

第二十一条 法律援助人员应当及时接收所承办案件的判决书、裁定书、调解书、仲裁裁决书、行政复议决定书等相关法律文书,并按规定提交结案归档材料。

第二十二条 具有《中华人民共和国法律援助法》第四十八条规定情形之一的,法律援助机构应当作出终止法律援助决定,制作终止法律援助决定书送达受援人,并自作出决定之日起三日内函告人民法院、人民检察院、公安机关。

人民法院、人民检察院、公安机关在案件办理过程中发现有前款规定情形的,应当及时函告法律援助机构。

★★ 第二十三条 被告人拒绝法律援助机构指派的律师为其辩护,坚持自己行使辩护权,人民法院依法准许的,法律援助机构应当作出终止法律援助的决定。

对于应当通知辩护的案件,犯罪嫌疑人、被告人拒绝指派的律师为其辩护的,人民法院、人民检察院、公安机关应当查明原因。理由正当的,应当准许,但犯罪嫌疑人、被告人应当在五日内另行委托辩护人;犯罪嫌疑人、被告人未另行委托辩护人的,人民法院、人民检察院、公安机关应当在三日内通知法律援助机构另行指派律师为其提供辩护。

第二十四条　法律援助人员的人身安全和职业尊严受法律保护。

对任何干涉法律援助人员履行职责的行为，法律援助人员有权拒绝，并按照规定如实记录和报告。对于侵犯法律援助人员权利的行为，法律援助人员有权提出控告。

法律援助人员因依法履行职责遭受不实举报、诬告陷害、侮辱诽谤，致使名誉受到损害的，依法追究相关单位或者个人的责任。

第二十五条　人民法院、人民检察院、公安机关、司法行政机关应当加强信息化建设，建立完善法律援助信息交换平台，实现业务协同、信息互联互通，运用现代信息技术及时准确传输交换有关法律文书，提高法律援助信息化水平，保障法律援助工作有效开展。

第二十六条　法律援助机构应当综合运用庭审旁听、案卷检查、征询司法机关意见和回访受援人等措施，督促法律援助人员提升服务质量。

人民法院、人民检察院、公安机关应当配合司法行政机关、法律援助机构做好法律援助服务质量监督相关工作，协助司法行政机关、法律援助机构调查核实投诉举报情况，回复征询意见。

第二十七条　人民法院、人民检察院、公安机关在案件办理过程中发现法律援助人员有违法违规行为的，应当及时向司法行政机关、法律援助机构通报有关情况，司法行政机关、法律援助机构应当将调查处理结果反馈通报单位。

第二十八条　国家安全机关、军队保卫部门、中国海警局、监狱办理刑事案件，除法律有特别规定的以外，适用本办法中有关公安机关的规定。

第二十九条　本办法所称法律援助人员，是指接受法律援助机构的指派或者安排，依法为经济困难公民和符合法定条件的其他当事人提供法律援助服务的律师、基层法律服务工作者、法律援助志愿者以及法律援助机构中具有律师资格或者法律职业资格的工作人员等。

第三十条　本办法自发布之日起施行。

办理法律援助案件程序规定

(2012年4月9日司法部令第124号公布 2023年7月11日司法部令第148号修订)

第一章 总 则

第一条 为了规范办理法律援助案件程序，保证法律援助质量，根据《中华人民共和国法律援助法》《法律援助条例》等有关法律、行政法规的规定，制定本规定。

★ **第二条** 法律援助机构组织办理法律援助案件，律师事务所、基层法律服务所和法律援助人员承办法律援助案件，适用本规定。

本规定所称法律援助人员，是指接受法律援助机构的指派或者安排，依法为经济困难公民和符合法定条件的其他当事人提供法律援助服务的律师、基层法律服务工作者、法律援助志愿者以及法律援助机构中具有律师资格或者法律职业资格的工作人员等。

第三条 办理法律援助案件应当坚持中国共产党领导，坚持以人民为中心，尊重和保障人权，遵循公开、公平、公正的原则。

第四条 法律援助机构应当建立健全工作机制，加强信息化建设，为公民获得法律援助提供便利。

法律援助机构为老年人、残疾人提供法律援助服务的，应当根据实际情况提供无障碍设施设备和服务。

第五条 法律援助人员应当依照法律、法规及本规定，遵守有关法律服务业务规程，及时为受援人提供符合标准的法律援助服务，维护受援人的合法权益。

第六条 法律援助人员应当恪守职业道德和执业纪律，自觉接受监督，不得向受援人收取任何财物。

第七条 法律援助机构、法律援助人员对提供法律援助过程中知悉的国家秘密、商业秘密和个人隐私应当予以保密。

第二章 申请与受理

第八条 法律援助机构应当向社会公布办公地址、联系方式等信息，在接待场所和司法行政机关政府网站公示并及时更新法律援助条件、程序、申请材料目录和申请示范文本等。

第九条 法律援助机构组织法律援助人员，依照有关规定和服务规范要求提供法律咨询、代拟法律文书、值班律师法律帮助。法律援助人员在提供法律咨询、代拟法律文书、值班律师法律帮助过程中，对可能符合代理或者刑事辩护法律援助条件的，应当告知其可以依法提出申请。

第十条 对诉讼事项的法律援助，由申请人向办案机关所在地的法律援助机构提出申请；对非诉讼事项的法律援助，由申请人向争议处理机关所在地或者事由发生地的法律援助机构提出申请。

申请人就同一事项向两个以上有管辖权的法律援助机构提出申请的，由最先收到申请的法律援助机构受理。

★★ **第十一条** 因经济困难申请代理、刑事辩护法律援助的，申请人应当如实提交下列材料：

（一）法律援助申请表；

（二）居民身份证或者其他有效身份证明，代为申请的还应当提交有代理权的证明；

（三）经济困难状况说明表，如有能够说明经济状况的证件或者证明材料，可以一并提供；

（四）与所申请法律援助事项有关的其他材料。

填写法律援助申请表、经济困难状况说明表确有困难的，由法律援助机构工作人员或者转交申请的机关、单位工作人员代为填写，申请人确认无误后签名或者按指印。

符合《中华人民共和国法律援助法》第三十二条规定情形的当事人申请代理、刑事辩护法律援助的，应当提交第一款第一项、第二项、第四项规定的材料。

★★ **第十二条** 被羁押的犯罪嫌疑人、被告人、服刑人员以及强制隔离戒毒人员等提出法律援助申请的，可以通过办案机关或者监管场所转交申请。办案机关、监管场所应当在二十四小时内将申请材料转交法律援助机构。

犯罪嫌疑人、被告人通过值班律师提出代理、刑事辩护等法律援助申请的，值班律师应当在二十四小时内将申请材料转交法律援助机构。

第十三条 法律援助机构对申请人提出的法律援助申请，应当根据下列情况分别作出处理：

（一）申请人提交的申请材料符合规定的，应当予以受理，并向申请人出具收到申请材料的书面凭证，载明收到申请材料的名称、数量、日期等；

（二）申请人提交的申请材料不齐全，应当一次性告知申请人需要补充的全部内容，或者要求申请人作出必要的说明。申请人未按要求补充材料或者作出说明的，视为撤回申请；

（三）申请事项不属于本法律援助机构受理范围的，应当告知申请人向有管辖权的法律援助机构申请或者向有关部门申请处理。

第三章 审 查

第十四条 法律援助机构应当对法律援助申请进行

审查，确定是否具备下列条件：

（一）申请人系公民或者符合法定条件的其他当事人；

（二）申请事项属于法律援助范围；

（三）符合经济困难标准或者其他法定条件。

★ **第十五条** 法律援助机构核查申请人的经济困难状况，可以通过信息共享查询，或者由申请人进行个人诚信承诺。

法律援助机构开展核查工作，可以依法向有关部门、单位、村民委员会、居民委员会或者个人核实有关情况。

第十六条 受理申请的法律援助机构需要异地核查有关情况的，可以向核查事项所在地的法律援助机构请求协作。

法律援助机构请求协作的，应当向被请求的法律援助机构发出协作函件，说明基本情况、需要核查的事项、办理时限等。被请求的法律援助机构应当予以协作。因客观原因无法协作的，应当及时向请求协作的法律援助机构书面说明理由。

第十七条 法律援助机构应当自收到法律援助申请之日起七日内进行审查，作出是否给予法律援助的决定。

申请人补充材料、作出说明所需的时间，法律援助机构请求异地法律援助机构协作核查的时间，不计入审查期限。

★★ **第十八条** 法律援助机构经审查，对于有下列情形之一的，应当认定申请人经济困难：

（一）申请人及与其共同生活的家庭成员符合受理的法律援助机构所在省、自治区、直辖市人民政府规定的经济困难标准的；

（二）申请事项的对方当事人是与申请人共同生活的家庭成员，申请人符合受理的法律援助机构所在省、自治区、直辖市人民政府规定的经济困难标准的；

（三）符合《中华人民共和国法律援助法》第四十二条规定，申请人所提交材料真实有效的。

第十九条 法律援助机构经审查，对符合法律援助条件的，应当决定给予法律援助，并制作给予法律援助决定书；对不符合法律援助条件的，应当决定不予法律援助，并制作不予法律援助决定书。

不予法律援助决定书应当载明不予法律援助的理由及申请人提出异议的途径和方式。

第二十条 给予法律援助决定书或者不予法律援助决定书应当发送申请人；属于《中华人民共和国法律援助法》第三十九条规定情形的，法律援助机构还应当同时函告有关办案机关、监管场所。

第二十一条 法律援助机构依据《中华人民共和国

法律援助法》第四十四条规定先行提供法律援助的，受援人应当在法律援助机构要求的时限内，补办有关手续，补充有关材料。

第二十二条 申请人对法律援助机构不予法律援助的决定有异议的，应当自收到决定之日起十五日内向设立该法律援助机构的司法行政机关提出。

第二十三条 司法行政机关应当自收到异议之日起五日内进行审查，认为申请人符合法律援助条件的，应当以书面形式责令法律援助机构对该申请人提供法律援助，同时书面告知申请人；认为申请人不符合法律援助条件的，应当作出维持法律援助机构不予法律援助的决定，书面告知申请人并说明理由。

申请人对司法行政机关维持法律援助机构决定不服的，可以依法申请行政复议或者提起行政诉讼。

第四章 指 派

第二十四条 法律援助机构应当自作出给予法律援助决定之日起三日内依法指派律师事务所、基层法律服务所安排本所律师或者基层法律服务工作者，或者安排本机构具有律师资格或者法律职业资格的工作人员承办法律援助案件。

对于通知辩护或者通知代理的刑事法律援助案件，

法律援助机构收到人民法院、人民检察院、公安机关要求指派律师的通知后，应当在三日内指派律师承办法律援助案件，并通知人民法院、人民检察院、公安机关。

第二十五条　法律援助机构应当根据本机构、律师事务所、基层法律服务所的人员数量、专业特长、执业经验等因素，合理指派承办机构或者安排法律援助机构工作人员承办案件。

律师事务所、基层法律服务所收到指派后，应当及时安排本所律师、基层法律服务工作者承办法律援助案件。

★★　第二十六条　对可能被判处无期徒刑、死刑的人，以及死刑复核案件的被告人，法律援助机构收到人民法院、人民检察院、公安机关通知后，应当指派具有三年以上刑事辩护经历的律师担任辩护人。

对于未成年人刑事案件，法律援助机构收到人民法院、人民检察院、公安机关通知后，应当指派熟悉未成年人身心特点的律师担任辩护人。

第二十七条　法律援助人员所属单位应当自安排或者收到指派之日起五日内与受援人或者其法定代理人、近亲属签订委托协议和授权委托书，但因受援人原因或者其他客观原因无法按时签订的除外。

第二十八条　法律援助机构已指派律师为犯罪嫌疑人、被告人提供辩护，犯罪嫌疑人、被告人的监护人或者近亲属又代为委托辩护人，犯罪嫌疑人、被告人决定接受委托辩护的，律师应当及时向法律援助机构报告。法律援助机构按照有关规定进行处理。

第五章 承　　办

★★ **第二十九条** 律师承办刑事辩护法律援助案件，应当依法及时会见犯罪嫌疑人、被告人，了解案件情况并制作笔录。笔录应当经犯罪嫌疑人、被告人确认无误后签名或者按指印。犯罪嫌疑人、被告人无阅读能力的，律师应当向犯罪嫌疑人、被告人宣读笔录，并在笔录上载明。

对于通知辩护的案件，律师应当在首次会见犯罪嫌疑人、被告人时，询问是否同意为其辩护，并记录在案。犯罪嫌疑人、被告人不同意的，律师应当书面告知人民法院、人民检察院、公安机关和法律援助机构。

★★ **第三十条** 法律援助人员承办刑事代理、民事、行政等法律援助案件，应当约见受援人或者其法定代理人、近亲属，了解案件情况并制作笔录，但因受援人原因无法按时约见的除外。

法律援助人员首次约见受援人或者其法定代理人、近亲属时，应当告知下列事项：

（一）法律援助人员的代理职责；

(二) 发现受援人可能符合司法救助条件的，告知其申请方式和途径；

(三) 本案主要诉讼风险及法律后果；

(四) 受援人在诉讼中的权利和义务。

第三十一条 法律援助人员承办案件，可以根据需要依法向有关单位或者个人调查与承办案件有关的情况，收集与承办案件有关的材料，并可以根据需要请求法律援助机构出具必要的证明文件或者与有关机关、单位进行协调。

法律援助人员认为需要异地调查情况、收集材料的，可以向作出指派或者安排的法律援助机构报告。法律援助机构可以按照本规定第十六条向调查事项所在地的法律援助机构请求协作。

★★ **第三十二条** 法律援助人员可以帮助受援人通过和解、调解及其他非诉讼方式解决纠纷，依法最大限度维护受援人合法权益。

法律援助人员代理受援人以和解或者调解方式解决纠纷的，应当征得受援人同意。

第三十三条 对处于侦查、审查起诉阶段的刑事辩护法律援助案件，承办律师应当积极履行辩护职责，在办案期限内依法完成会见、阅卷，并根据案情提出辩护意见。

第三十四条 对于开庭审理的案件，法律援助人员应当做好开庭前准备；庭审中充分发表意见、举证、质证；庭审结束后，应当向人民法院或者劳动人事争议仲裁机构提交书面法律意见。

对于不开庭审理的案件，法律援助人员应当在会见或者约见受援人、查阅案卷材料、了解案件主要事实后，及时向人民法院提交书面法律意见。

第三十五条 法律援助人员应当向受援人通报案件办理情况，答复受援人询问，并制作通报情况记录。

★★ **第三十六条** 法律援助人员应当按照法律援助机构要求报告案件承办情况。

法律援助案件有下列情形之一的，法律援助人员应当向法律援助机构报告：

（一）主要证据认定、适用法律等方面存在重大疑义的；

（二）涉及群体性事件的；

（三）有重大社会影响的；

（四）其他复杂、疑难情形。

★ **第三十七条** 受援人有证据证明法律援助人员未依法履行职责的，可以请求法律援助机构更换法律援助人员。

法律援助机构应当自受援人申请更换之日起五日内决定是否更换。决定更换的，应当另行指派或者安排人员承办。对犯罪嫌疑人、被告人具有应当通知辩护情形，人民法院、人民检察院、公安机关决定为其另行通知辩护的，法律援助机构应当另行指派或者安排人员承办。法律援助机构应当及时将变更情况通知办案机关。

更换法律援助人员的，原法律援助人员所属单位应当与受援人解除或者变更委托协议和授权委托书，原法律援助人员应当与更换后的法律援助人员办理案件材料移交手续。

第三十八条　法律援助人员在承办案件过程中，发现与本案存在利害关系或者因客观原因无法继续承办案件的，应当向法律援助机构报告。法律援助机构认为需要更换法律援助人员的，按照本规定第三十七条办理。

第三十九条　存在《中华人民共和国法律援助法》第四十八条规定情形，法律援助机构决定终止法律援助的，应当制作终止法律援助决定书，并于三日内，发送受援人、通知法律援助人员所属单位并函告办案机关。

受援人对法律援助机构终止法律援助的决定有异议的，按照本规定第二十二条、第二十三条办理。

☆☆　第四十条　法律援助案件办理结束后，法律援助人员应当及时向法律援助机构报告，并自结案之日起三十日内向法律援助机构提交结案归档材料。

刑事诉讼案件侦查阶段应以承办律师收到起诉意见书或撤销案件的相关法律文书之日为结案日；审查起诉阶段应以承办律师收到起诉书或不起诉决定书之日为结

案日;审判阶段以承办律师收到判决书、裁定书、调解书之日为结案日。其他诉讼案件以法律援助人员收到判决书、裁定书、调解书之日为结案日。劳动争议仲裁案件或者行政复议案件以法律援助人员收到仲裁裁决书、行政复议决定书之日为结案日。其他非诉讼法律事务以受援人与对方当事人达成和解、调解协议之日为结案日。无相关文书的,以义务人开始履行义务之日为结案日。法律援助机构终止法律援助的,以法律援助人员所属单位收到终止法律援助决定书之日为结案日。

第四十一条 法律援助机构应当自收到法律援助人员提交的结案归档材料之日起三十日内进行审查。对于结案归档材料齐全规范的,应当及时向法律援助人员支付法律援助补贴。

第四十二条 法律援助机构应当对法律援助案件申请、审查、指派等材料以及法律援助人员提交的结案归档材料进行整理,一案一卷,统一归档管理。

第六章 附 则

第四十三条 法律援助机构、律师事务所、基层法律服务所和法律援助人员从事法律援助活动违反本规定的,依照《中华人民共和国法律援助法》《中华人民共和国律师法》《法律援助条例》《律师和律师事务所违法行为处罚办法》等法律、法规和规章的规定追究法律责任。

第四十四条　本规定中期间开始的日，不算在期间以内。期间的最后一日是节假日的，以节假日后的第一日为期满日期。

第四十五条　法律援助文书格式由司法部统一规定。

第四十六条　本规定自2023年9月1日起施行。司法部2012年4月9日公布的《办理法律援助案件程序规定》（司法部令第124号）同时废止。

法律援助值班律师工作办法

(2020年8月20日　司规〔2020〕6号)

第一章　总　　则

第一条　为保障犯罪嫌疑人、被告人依法享有的诉讼权利,加强人权司法保障,进一步规范值班律师工作,根据《中华人民共和国刑事诉讼法》《中华人民共和国律师法》等规定,制定本办法。

第二条　本办法所称值班律师,是指法律援助机构在看守所、人民检察院、人民法院等场所设立法律援助工作站,通过派驻或安排的方式,为没有辩护人的犯罪嫌疑人、被告人提供法律帮助的律师。

第三条　值班律师工作应当坚持依法、公平、公正、效率的原则,值班律师应当提供符合标准的法律服务。

第四条　公安机关(看守所)、人民检察院、人民法院、司法行政机关应当保障没有辩护人的犯罪嫌疑人、被告人获得值班律师法律帮助的权利。

第五条　值班律师工作由司法行政机关牵头组织实施,公安机关(看守所)、人民检察院、人民法院应当依法予以协助。

第二章 值班律师工作职责

★ **第六条** 值班律师依法提供以下法律帮助：

（一）提供法律咨询；

（二）提供程序选择建议；

（三）帮助犯罪嫌疑人、被告人申请变更强制措施；

（四）对案件处理提出意见；

（五）帮助犯罪嫌疑人、被告人及其近亲属申请法律援助；

（六）法律法规规定的其他事项。

值班律师在认罪认罚案件中，还应当提供以下法律帮助：

（一）向犯罪嫌疑人、被告人释明认罪认罚的性质和法律规定；

（二）对人民检察院指控罪名、量刑建议、诉讼程序适用等事项提出意见；

（三）犯罪嫌疑人签署认罪认罚具结书时在场。

值班律师办理案件时，可以应犯罪嫌疑人、被告人的约见进行会见，也可以经办案机关允许主动会见；自人民检察院对案件审查起诉之日起可以查阅案卷材料、了解案情。

第七条　值班律师提供法律咨询时，应当告知犯罪嫌疑人、被告人有关法律帮助的相关规定，结合案件所在的诉讼阶段解释相关诉讼权利和程序规定，解答犯罪嫌疑人、被告人咨询的法律问题。

犯罪嫌疑人、被告人认罪认罚的，值班律师应当了解犯罪嫌疑人、被告人对被指控的犯罪事实和罪名是否有异议，告知被指控罪名的法定量刑幅度，释明从宽从重处罚的情节以及认罪认罚的从宽幅度，并结合案件情况提供程序选择建议。

值班律师提供法律咨询的，应当记录犯罪嫌疑人、被告人涉嫌的罪名、咨询的法律问题、提供的法律解答。

第八条　在审查起诉阶段，犯罪嫌疑人认罪认罚的，值班律师可以就以下事项向人民检察院提出意见：

（一）涉嫌的犯罪事实、指控罪名及适用的法律规定；

（二）从轻、减轻或者免除处罚等从宽处罚的建议；

（三）认罪认罚后案件审理适用的程序；

（四）其他需要提出意见的事项。

值班律师对前款事项提出意见的，人民检察院应当记录在案并附卷，未采纳值班律师意见的，应当说明理由。

第九条　犯罪嫌疑人、被告人提出申请羁押必要性审查的，值班律师应当告知其取保候审、监视居住、逮捕等强制措施的适用条件和相关法律规定、人民检察院进行羁押必要性审查的程序；犯罪嫌疑人、被告人已经被逮捕的，值班律师可以帮助其向人民检察院提出羁押必要性审查申请，并协助提供相关材料。

第十条 犯罪嫌疑人签署认罪认罚具结书时，值班律师对犯罪嫌疑人认罪认罚自愿性、人民检察院量刑建议、程序适用等均无异议的，应当在具结书上签名，同时留存一份复印件归档。

值班律师对人民检察院量刑建议、程序适用有异议的，在确认犯罪嫌疑人系自愿认罪认罚后，应当在具结书上签字，同时可以向人民检察院提出法律意见。

犯罪嫌疑人拒绝值班律师帮助的，值班律师无需在具结书上签字，应当将犯罪嫌疑人签字拒绝法律帮助的书面材料留存一份归档。

第十一条 对于被羁押的犯罪嫌疑人、被告人，在不同诉讼阶段，可以由派驻看守所的同一值班律师提供法律帮助。对于未被羁押的犯罪嫌疑人、被告人，前一诉讼阶段的值班律师可以在后续诉讼阶段继续为犯罪嫌疑人、被告人提供法律帮助。

第三章 法律帮助工作程序

第十二条 公安机关、人民检察院、人民法院应当在侦查、审查起诉和审判各阶段分别告知没有辩护人的犯罪嫌疑人、被告人有权约见值班律师获得法律帮助，并为其约见值班律师提供便利。

第十三条 看守所应当告知犯罪嫌疑人、被告人有权约见值班律师，并为其约见值班律师提供便利。

看守所应当将值班律师制度相关内容纳入在押人员权利义务告知书，在犯罪嫌疑人、被告人入所时告知其有权获得值班律师的法律帮助。

犯罪嫌疑人、被告人要求约见值班律师的，可以书面或者口头申请。书面申请的，看守所应当将其填写的法律帮助申请表及时转交值班律师。口头申请的，看守所应当安排代为填写法律帮助申请表。

第十四条 犯罪嫌疑人、被告人没有委托辩护人并且不符合法律援助机构指派律师为其提供辩护的条件，要求约见值班律师的，公安机关、人民检察院、人民法院应当及时通知法律援助机构安排。

第十五条 依法应当通知值班律师提供法律帮助而犯罪嫌疑人、被告人明确拒绝的，公安机关、人民检察院、人民法院应当记录在案。

前一诉讼程序犯罪嫌疑人、被告人明确拒绝值班律师法律帮助的，后一诉讼程序的办案机关仍需告知其有权获得值班律师法律帮助的权利，有关情况应当记录在案。

第十六条 公安机关、人民检察院、人民法院需要法律援助机构通知值班律师为犯罪嫌疑人、被告人提供法律帮助的，应当向法律援助机构出具法律帮助通知书，并附相关法律文书。

单次批量通知的，可以在一份法律帮助通知书后附多名犯罪嫌疑人、被告人相关信息的材料。

除通知值班律师到羁押场所提供法律帮助的情形外，人民检察院、人民法院可以商法律援助机构简化通知方式和通知手续。

第十七条 司法行政机关和法律援助机构应当根据当地律师资源状况、法律帮助需求，会同看守所、人民检察院、人民法院合理安排值班律师的值班方式、值班频次。

值班方式可以采用现场值班、电话值班、网络值班相结合的方式。现场值班的，可以采取固定专人或轮流值班，也可以采取预约值班。

第十八条 法律援助机构应当综合律师政治素质、业务能力、执业年限等确定值班律师人选，建立值班律师名册或值班律师库。并将值班律师库或名册信息、值班律师工作安排，提前告知公安机关（看守所）、人民检察院、人民法院。

第十九条 公安机关、人民检察院、人民法院应当在确定的法律帮助日期前三个工作日，将法律帮助通知书送达法律援助机构，或者直接送达现场值班律师。

该期间没有安排现场值班律师的，法律援助机构应当自收到法律帮助通知书之日起两个工作日内确定值班律师，并通知公安机关、人民检察院、人民法院。

公安机关、人民检察院、人民法院和法律援助机构之间的送达及通知方式，可以协商简化。

适用速裁程序的案件、法律援助机构需要跨地区调配律师等特殊情形的通知和指派时限，不受前款限制。

第二十条　值班律师在人民检察院、人民法院现场值班的，应当按照法律援助机构的安排，或者人民检察院、人民法院送达的通知，及时为犯罪嫌疑人、被告人提供法律帮助。

犯罪嫌疑人、被告人提出法律帮助申请，看守所转交给现场值班律师的，值班律师应当根据看守所的安排及时提供法律帮助。

值班律师通过电话、网络值班的，应当及时提供法律帮助，疑难案件可以另行预约咨询时间。

第二十一条　侦查阶段，值班律师可以向侦查机关了解犯罪嫌疑人涉嫌的罪名及案件有关情况；案件进入审查起诉阶段后，值班律师可以查阅案卷材料，了解案情，人民检察院、人民法院应当及时安排，并提供便利。已经实现卷宗电子化的地方，人民检察院、人民法院可以安排在线阅卷。

第二十二条 值班律师持律师执业证或者律师工作证、法律帮助申请表或者法律帮助通知书到看守所办理法律帮助会见手续，看守所应当及时安排会见。

危害国家安全犯罪、恐怖活动犯罪案件，侦查期间值班律师会见在押犯罪嫌疑人的，应当经侦查机关许可。

第二十三条 值班律师提供法律帮助时，应当出示律师执业证或者律师工作证或者相关法律文书，表明值班律师身份。

第二十四条 值班律师会见犯罪嫌疑人、被告人时不被监听。

第二十五条 值班律师在提供法律帮助过程中，犯罪嫌疑人、被告人向值班律师表示愿意认罪认罚的，值班律师应当及时告知相关的公安机关、人民检察院、人民法院。

第四章 值班律师工作保障

第二十六条 在看守所、人民检察院、人民法院设立的法律援助工作站，由同级司法行政机关所属的法律援助机构负责派驻并管理。

看守所、人民检察院、人民法院等机关办公地点临近的，法律援助机构可以设立联合法律援助工作站派驻值班律师。

看守所、人民检察院、人民法院应当为法律援助工作站提供必要办公场所和设施。有条件的人民检察院、人民法院，可以设置认罪认罚等案件专门办公区域，为值班律师设立专门会见室。

第二十七条　法律援助工作站应当公示法律援助条件及申请程序、值班律师工作职责、当日值班律师基本信息等，放置法律援助格式文书及宣传资料。

★　第二十八条　值班律师提供法律咨询、查阅案卷材料、会见犯罪嫌疑人或者被告人、提出书面意见等法律帮助活动的相关情况应当记录在案，并随案移送。

值班律师应当将提供法律帮助的情况记入工作台账或者形成工作卷宗，按照规定时限移交法律援助机构。

公安机关（看守所）、人民检察院、人民法院应当与法律援助机构确定工作台账格式，将值班律师履行职责情况记录在案，并定期移送法律援助机构。

第二十九条　值班律师提供法律帮助时，应当遵守相关法律法规、执业纪律和职业道德，依法保守国家秘密、商业秘密和个人隐私，不得向他人泄露工作中掌握的案件情况，不得向受援人收取财物或者谋取不正当利益。

第三十条　司法行政机关应当会同财政部门，根据直接费用、基本劳务费等因素合理制定值班律师法律帮助补贴标准,并纳入预算予以保障。

值班律师提供法律咨询、转交法律援助申请等法律帮助的补贴标准按工作日计算;为认罪认罚案件的犯罪嫌疑人、被告人提供法律帮助的补贴标准,由各地结合本地实际情况按件或按工作日计算。

法律援助机构应当根据值班律师履行工作职责情况,按照规定支付值班律师法律帮助补贴。

第三十一条 法律援助机构应当建立值班律师准入和退出机制,建立值班律师服务质量考核评估制度,保障值班律师服务质量。

法律援助机构应当建立值班律师培训制度,值班律师首次上岗前应当参加培训,公安机关、人民检察院、人民法院应当提供协助。

第三十二条 司法行政机关和法律援助机构应当加强本行政区域值班律师工作的监督和指导。对律师资源短缺的地区,可采取在省、市范围内统筹调配律师资源,建立政府购买值班律师服务机制等方式,保障值班律师工作有序开展。

第三十三条 司法行政机关会同公安机关、人民检察院、人民法院建立值班律师工作会商机制,明确专门联系人,及时沟通情况,协调解决相关问题。

第三十四条 司法行政机关应当加强对值班律师的监督管理,对表现突出的值班律师给予表彰;对违法违纪的值班律师，依职权或移送有权处理机关依法依规处理。

法律援助机构应当向律师协会通报值班律师履行职责情况。

律师协会应当将值班律师履行职责、获得表彰情况纳入律师年度考核及律师诚信服务记录，对违反职业道德和执业纪律的值班律师依法依规处理。

第五章　附　　则

第三十五条　国家安全机关、中国海警局、监狱履行刑事诉讼法规定职责，涉及值班律师工作的，适用本办法有关公安机关的规定。

第三十六条　本办法自发布之日起施行。《关于开展法律援助值班律师工作的意见》（司发通〔2017〕84号）同时废止。

最高人民法院、最高人民检察院、公安部、司法部关于刑事诉讼法律援助工作的规定

（2013年2月4日　司发通〔2013〕18号）

第一条 为加强和规范刑事诉讼法律援助工作，根据《中华人民共和国刑事诉讼法》、《中华人民共和国律师法》、《法律援助条例》以及其他相关规定，结合法律援助工作实际，制定本规定。

★★ **第二条** 犯罪嫌疑人、被告人因经济困难没有委托辩护人的，本人及其近亲属可以向办理案件的公安机关、人民检察院、人民法院所在地同级司法行政机关所属法律援助机构申请法律援助。

具有下列情形之一，犯罪嫌疑人、被告人没有委托辩护人的，可以依照前款规定申请法律援助：

（一）有证据证明犯罪嫌疑人、被告人属于一级或者二级智力残疾的；

（二）共同犯罪案件中，其他犯罪嫌疑人、被告人已委托辩护人的；

（三）人民检察院抗诉的；

（四）案件具有重大社会影响的。

第三条 公诉案件中的被害人及其法定代理人或者近亲属，自诉案件中的自诉人及其法定代理人，因经济困难没有委托诉讼代理人的，可以向办理案件的人民检察院、人民法院所在地同级司法行政机关所属法律援助机构申请法律援助。

第四条 公民经济困难的标准，按案件受理地所在的省、自治区、直辖市人民政府的规定执行。

★ **第五条** 公安机关、人民检察院在第一次讯问犯罪嫌疑人或者采取强制措施的时候，应当告知犯罪嫌疑人有权委托辩护人，并告知其如果符合本规定第二条规定，本人及其近亲属可以向法律援助机构申请法律援助。

人民检察院自收到移送审查起诉的案件材料之日起3日内，应当告知犯罪嫌疑人有权委托辩护人，并告知其如果符合本规定第二条规定，本人及其近亲属可以向法律援助机构申请法律援助；应当告知被害人及其法定代理人或者近亲属有权委托诉讼代理人，并告知其如果经济困难，可以向法律援助机构申请法律援助。

人民法院自受理案件之日起3日内，应当告知被告人有权委托辩护人，并告知其如果符合本规定第二条规定，本人及其近亲属可以向法律援助机构申请法律援助；应当告知自诉人及其法定代理人有权委托诉讼代理人，并告知其如果经济困难，可以向法律援助机构申请法律援助。人民法院决定再审的案件，应当自决定再审之日起 3 日内履行相关告知职责。

犯罪嫌疑人、被告人具有本规定第九条规定情形的，公安机关、人民检察院、人民法院应当告知其如果不委托辩护人，将依法通知法律援助机构指派律师为其提供辩护。

第六条 告知可以采取口头或者书面方式，告知的内容应当易于被告知人理解。口头告知的，应当制作笔录，由被告知人签名；书面告知的，应当将送达回执入卷。对于被告知人当场表达申请法律援助意愿的，应当记录在案。

第七条 被羁押的犯罪嫌疑人、被告人提出法律援助申请的，公安机关、人民检察院、人民法院应当在收到申请 24 小时内将其申请转交或者告知法律援助机构，并于 3 日内通知申请人的法定代理人、近亲属或者其委托的其他人员协助向法律援助机构提供有关证件、证明等相关材料。犯罪嫌疑人、被告人的法定代理人或者近亲属无法通知的，应当在转交申请时一并告知法律援助机构。

第八条 法律援助机构收到申请后应当及时进行审查并于 7 日内作出决定。对符合法律援助条件的，应当决定给予法律援助，并制作给予法律援助决定书；对不符合法律援助条件的,应当决定不予法律援助,制作不予法律援助决定书。给予法律援助决定书和不予法律援助决定书应当及时发送申请人,并函告公安机关、人民检察院、人民法院。

对于犯罪嫌疑人、被告人申请法律援助的案件,法律援助机构可以向公安机关、人民检察院、人民法院了解案件办理过程中掌握的犯罪嫌疑人、被告人是否具有本规定第二条规定情形等情况。

★ **第九条** 犯罪嫌疑人、被告人具有下列情形之一没有委托辩护人的,公安机关、人民检察院、人民法院应当自发现该情形之日起3日内,通知所在地同级司法行政机关所属法律援助机构指派律师为其提供辩护:

(一)未成年人;

(二)盲、聋、哑人;

(三)尚未完全丧失辨认或者控制自己行为能力的精神病人;

(四)可能被判处无期徒刑、死刑的人。

第十条 公安机关、人民检察院、人民法院通知辩护的,应当将通知辩护公函和采取强制措施决定书、起诉意见书、起诉书、判决书副本或者复印件送交法律援助机构。

通知辩护公函应当载明犯罪嫌疑人或者被告人的姓名、涉嫌的罪名、羁押场所或者住所、通知辩护的理由、办案机关联系人姓名和联系方式等。

第十一条　人民法院自受理强制医疗申请或者发现被告人符合强制医疗条件之日起3日内，对于被申请人或者被告人没有委托诉讼代理人的，应当向法律援助机构送交通知代理公函，通知其指派律师担任被申请人或被告人的诉讼代理人，为其提供法律帮助。

人民检察院申请强制医疗的，人民法院应当将强制医疗申请书副本一并送交法律援助机构。

通知代理公函应当载明被申请人或者被告人的姓名、法定代理人的姓名和联系方式、办案机关联系人姓名和联系方式。

第十二条　法律援助机构应当自作出给予法律援助决定或者自收到通知辩护公函、通知代理公函之日起3日内，确定承办律师并函告公安机关、人民检察院、人民法院。

法律援助机构出具的法律援助公函应当载明承办律师的姓名、所属单位及联系方式。

第十三条　对于可能被判处无期徒刑、死刑的案件，法律援助机构应当指派具有一定年限刑事辩护执业经历的律师担任辩护人。

对于未成年人案件，应当指派熟悉未成年人身心特点的律师担任辩护人。

第十四条　承办律师接受法律援助机构指派后，应当按照有关规定及时办理委托手续。

承办律师应当在首次会见犯罪嫌疑人、被告人时，询问是否同意为其辩护，并制作笔录。犯罪嫌疑人、被告人不同意的，律师应当书面告知公安机关、人民检察院、人民法院和法律援助机构。

★ **第十五条** 对于依申请提供法律援助的案件，犯罪嫌疑人、被告人坚持自己辩护，拒绝法律援助机构指派的律师为其辩护的，法律援助机构应当准许，并作出终止法律援助的决定；对于有正当理由要求更换律师的，法律援助机构应当另行指派律师为其提供辩护。

对于应当通知辩护的案件，犯罪嫌疑人、被告人拒绝法律援助机构指派的律师为其辩护的，公安机关、人民检察院、人民法院应当查明拒绝的原因，有正当理由的，应当准许，同时告知犯罪嫌疑人、被告人需另行委托辩护人。犯罪嫌疑人、被告人未另行委托辩护人的，公安机关、人民检察院、人民法院应当及时通知法律援助机构另行指派律师为其提供辩护。

第十六条 人民检察院审查批准逮捕时，认为犯罪嫌疑人具有应当通知辩护的情形，公安机关未通知法律援助机构指派律师的，应当通知公安机关予以纠正，公安机关应当将纠正情况通知人民检察院。

第十七条 在案件侦查终结前，承办律师提出要求的，侦查机关应当听取其意见，并记录在案。承办律师提出书面意见的，应当附卷。

第十八条 人民法院决定变更开庭时间的，应当在开庭 3 日前通知承办律师。承办律师有正当理由不能按时出庭的，可以申请人民法院延期开庭。人民法院同意延期开庭的，应当及时通知承办律师。

第十九条 人民法院决定不开庭审理的案件，承办律师应当在接到人民法院不开庭通知之日起 10 日内向人民法院提交书面辩护意见。

第二十条 人民检察院、人民法院应当对承办律师复制案卷材料的费用予以免收或者减收。

第二十一条 公安机关在撤销案件或者移送审查起诉后，人民检察院在作出提起公诉、不起诉或者撤销案件决定后，人民法院在终止审理或者作出裁决后，以及公安机关、人民检察院、人民法院将案件移送其他机关办理后，应当在 5 日内将相关法律文书副本或者复印件送达承办律师，或者书面告知承办律师。

公安机关的起诉意见书，人民检察院的起诉书、不起诉决定书，人民法院的判决书、裁定书等法律文书，应当载明作出指派的法律援助机构名称、承办律师姓名以及所属单位等情况。

★ **第二十二条** 具有下列情形之一的，法律援助机构应当作出<u>终止</u>法律援助决定，制作终止法律援助决定书发送受援人，并自作出决定之日起 3 日内函告公安机关、人民检察院、人民法院：

（一）受援人的经济收入状况发生变化，不再符合法律援助条件的；

（二）案件终止办理或者已被撤销的；

（三）受援人自行委托辩护人或者代理人的；

（四）受援人要求终止法律援助的，但应当通知辩护的情形除外；

（五）法律、法规规定应当终止的其他情形。

公安机关、人民检察院、人民法院在案件办理过程中发现有前款规定情形的，应当及时函告法律援助机构。

第二十三条　申请人对法律援助机构不予援助的决定有异议的，可以向主管该法律援助机构的司法行政机关提出。司法行政机关应当在收到异议之日起5个工作日内进行审查，经审查认为申请人符合法律援助条件的，应当以书面形式责令法律援助机构及时对该申请人提供法律援助，同时通知申请人；认为申请人不符合法律援助条件的，应当维持法律援助机构不予援助的决定，并书面告知申请人。

受援人对法律援助机构终止法律援助的决定有异议的，按照前款规定办理。

★ 第二十四条　犯罪嫌疑人、被告人及其近亲属、法定代理人，强制医疗案件中的被申请人、被告人的法定代理人认为公安机关、人民检察院、人民法院应当告知其可以向法律援助机构申请法律援助而没有告知，或者应当通知法律援助机构指派律师为其提供辩护或者诉讼代理而没有通知的，有权向同级或者上一级人民检察院申诉或者控告。人民检察院应当对申诉或者控告及时进行审查，情况属实的，通知有关机关予以纠正。

第二十五条　律师应当遵守有关法律法规和法律援助业务规程，做好会见、阅卷、调查取证、解答咨询、参加庭审等工作，依法为受援人提供法律服务。

律师事务所应当对律师办理法律援助案件进行业务指导，督促律师在办案过程中尽职尽责，恪守职业道德和执业纪律。

第二十六条　法律援助机构依法对律师事务所、律师开展法律援助活动进行指导监督，确保办案质量。

司法行政机关和律师协会根据律师事务所、律师履行法律援助义务情况实施奖励和惩戒。

公安机关、人民检察院、人民法院在案件办理过程中发现律师有违法或者违反职业道德和执业纪律行为，损害受援人利益的，应当及时向法律援助机构通报有关情况。

第二十七条　公安机关、人民检察院、人民法院和司法行政机关应当加强协调，建立健全工作机制，做好法律援助咨询、申请转交、组织实施等方面的衔接工作，促进刑事法律援助工作有效开展。

第二十八条 本规定自 2013 年 3 月 1 日起施行。2005 年 9 月 28 日最高人民法院、最高人民检察院、公安部、司法部下发的《关于刑事诉讼法律援助工作的规定》同时废止。

最高人民法院、司法部关于为死刑复核案件被告人依法提供法律援助的规定（试行）

(2021年12月30日　法〔2021〕348号)

为充分发挥辩护律师在死刑复核程序中的作用，切实保障死刑复核案件被告人的诉讼权利，根据《中华人民共和国刑事诉讼法》《中华人民共和国律师法》《中华人民共和国法律援助法》《最高人民法院关于适用〈中华人民共和国刑事诉讼法〉的解释》等法律及司法解释，制定本规定。

第一条　最高人民法院复核死刑案件，被告人申请法律援助的，应当通知司法部法律援助中心指派律师为其提供辩护。

法律援助通知书应当写明被告人姓名、案由、提供法律援助的理由和依据、案件审判庭和联系方式，并附二审或者高级人民法院复核审裁判文书。

第二条　高级人民法院在向被告人送达依法作出的死刑裁判文书时，应当书面告知其在最高人民法院复核死刑阶段可以委托辩护律师，也可以申请法律援助；被告人申请法律援助的，应当在十日内提出，法律援助申请书应当随案移送。

第三条　司法部法律援助中心在接到最高人民法院法律援助通知书后，应当采取适当方式指派律师为被告人提供辩护。

★★ 第四条　司法部法律援助中心在接到最高人民法院法律援助通知书后，应当在三日内指派具有三年以上刑事辩护执业经历的律师担任被告人的辩护律师，并函告最高人民法院。

司法部法律援助中心出具的法律援助公函应当写明接受指派的辩护律师的姓名、所属律师事务所及联系方式。

第五条　最高人民法院应当告知或者委托高级人民法院告知被告人为其指派的辩护律师的情况。被告人拒绝指派的律师为其辩护的，最高人民法院应当准许。

第六条　被告人在死刑复核期间自行委托辩护律师的，司法部法律援助中心应当作出终止法律援助的决定，并及时函告最高人民法院。

最高人民法院在复核死刑案件过程中发现有前款规定情形的，应当及时函告司法部法律援助中心。司法部法律援助中心应当作出终止法律援助的决定。

★ 第七条　辩护律师应当在接受指派之日起十日内，通过传真或者寄送等方式，将法律援助手续提交最高人民法院。

第八条 辩护律师依法行使辩护权，最高人民法院应当提供便利。

第九条 辩护律师在依法履行辩护职责中遇到困难和问题的，最高人民法院、司法部有关部门应当及时协调解决，切实保障辩护律师依法履行职责。

第十条 辩护律师应当在接受指派之日起一个半月内提交书面辩护意见或者当面反映辩护意见。辩护律师要求当面反映意见的，最高人民法院应当听取辩护律师的意见。

第十一条 死刑复核案件裁判文书应当写明辩护律师姓名及所属律师事务所，并表述辩护律师的辩护意见。受委托宣判的人民法院应当在宣判后五日内将最高人民法院生效裁判文书送达辩护律师。

第十二条 司法部指导、监督全国死刑复核案件法律援助工作，司法部法律援助中心负责具体组织和实施。

第十三条 本规定自2022年1月1日起施行。

未成年人法律援助服务指引（试行）

（2020年9月16日 司公通〔2020〕12号）

第一章 总　则

第一条 为有效保护未成年人合法权益，加强未成年人法律援助工作，规范未成年人法律援助案件的办理，依据《中华人民共和国民事诉讼法》《中华人民共和国刑事诉讼法》《中华人民共和国未成年人保护法》《法律援助条例》等法律、法规、规范性文件，制定本指引。

第二条 法律援助承办机构及法律援助承办人员办理未成年人法律援助案件，应当遵守《全国民事行政法律援助服务规范》《全国刑事法律援助服务规范》，参考本指引规定的工作原则和办案要求，提高未成年人法律援助案件的办案质量。

★★ **第三条** 本指引适用于法律援助承办机构、法律援助承办人员办理性侵害未成年人法律援助案件、监护人侵害未成年人权益法律援助案件、学生伤害事故法律援助案件和其他侵害未成年人合法权益的法律援助案件。

其他接受委托办理涉及未成年人案件的律师，可以参照执行。

★ **第四条** 未成年人法律援助工作应当坚持最有利于未成年人的原则，遵循给予未成年人特殊、优先保护，尊重未成年人人格尊严，保护未成年人隐私权和个人信息，适应未成年人身心发展的规律和特点，听取未成年人的意见，保护与教育相结合等原则；兼顾未成年犯罪嫌疑人、被告人、被害人权益的双向保护，避免未成年人受到二次伤害，加强跨部门多专业合作，积极寻求相关政府部门、专业机构的支持。

第二章 基本要求

★★ **第五条** 法律援助机构指派未成年人案件时，应当优先指派熟悉未成年人身心特点、熟悉未成年人法律业务的承办人员。未成年人为女性的性侵害案件，应当优先指派女性承办人员办理。重大社会影响或疑难复杂案件，法律援助机构可以指导、协助法律援助承办人员向办案机关寻求必要支持。有条件的地区，法律援助机构可以建立未成年人法律援助律师团队。

★ **第六条** 法律援助承办人员应当在收到指派通知书之日起5个工作日内会见受援未成年人及其法定代理人（监护人）或近亲属并进行以下工作：

（一）了解案件事实经过、司法程序处理背景、争议焦点和诉讼时效、受援未成年人及其法定代理人（监护人）诉求、案件相关证据材料及证据线索等基本情况；

（二）告知其法律援助承办人员的代理、辩护职责、受援未成年人及其法定代理人（监护人）在诉讼中的权利和义务、案件主要诉讼风险及法律后果；

（三）发现未成年人遭受暴力、虐待、遗弃、性侵害等侵害的，可以向公安机关进行报告，同时向法律援助机构报备，可以为其寻求救助庇护和专业帮助提供协助；

（四）制作谈话笔录，并由受援未成年人及其法定代理人（监护人）或近亲属共同签名确认。未成年人无阅读能力或尚不具备理解认知能力的，法律援助承办人员应当向其宣读笔录，由其法定代理人（监护人）或近亲属代签，并在笔录上载明。

（五）会见受援未成年人时，其法定代理人（监护人）或近亲属至少应有一人在场，会见在押未成年人犯罪嫌疑人、被告人除外；会见受援未成年人的法定代理人（监护人）时，如有必要，受援未成年人可以在场。

第七条 法律援助承办人员办理未成年人案件的工作要求：

（一）与未成年人沟通时不得使用批评性、指责性、侮辱性以及有损人格尊严等性质的语言；

(二)会见未成年人,优先选择未成年人住所或者其他让未成年人感到安全的场所;

(三)会见未成年当事人或未成年证人,应当通知其法定代理人(监护人)或者其他成年亲属等合适成年人到场;

(四)保护未成年人隐私权和个人信息,不得公开涉案未成年人和未成年被害人的姓名、影像、住所、就读学校以及其他可能推断、识别身份信息的其他资料信息;

(五)重大、复杂、疑难案件,应当提请律师事务所或法律援助机构集体讨论,提请律师事务所讨论的,应当将讨论结果报告法律援助机构。

第三章 办理性侵害未成年人案件

第八条 性侵害未成年人犯罪,包括刑法第二百三十六条、第二百三十七条、第三百五十八条、第三百五十九条规定的针对未成年人实施的强奸罪,猥亵他人罪,猥亵儿童罪,组织卖淫罪,强迫卖淫罪,引诱、容留、介绍卖淫罪,引诱幼女卖淫罪等案件。

★★ **第九条** 法律援助承办人员办理性侵害未成年人案件的工作要求:

(一)法律援助承办人员需要询问未成年被害人的,

应当采取和缓、科学的询问方式，以一次、全面询问为原则，尽可能避免反复询问。法律援助承办人员可以建议办案机关在办理案件时，推行全程录音录像制度，以保证被害人陈述的完整性、准确性和真实性；

（二）法律援助承办人员应当向未成年被害人及其法定代理人（监护人）释明刑事附带民事诉讼的受案范围，协助未成年被害人提起刑事附带民事诉讼。法律援助承办人员应当根据未成年被害人的诉讼请求，指引、协助未成年被害人准备证据材料；

（三）法律援助承办人员办理性侵害未成年人案件时，应当于庭审前向人民法院确认案件不公开审理。

第十条 法律援助承办人员发现公安机关在处理性侵害未成年人犯罪案件应当立案而不立案的，可以协助未成年被害人及其法定代理人（监护人）向人民检察院申请立案监督或协助向人民法院提起自诉。

第十一条 法律援助承办人员可以建议办案机关对未成年被害人的心理伤害程度进行社会评估，辅以心理辅导、司法救助等措施，修复和弥补未成年被害人身心伤害；发现未成年被害人存在心理、情绪异常的，应当告知其法定代理人（监护人）为其寻求专业心理咨询与疏导。

第十二条 对于低龄被害人、证人的陈述的证据效力，法律援助承办人员可以建议办案机关结合被害人、证人的心智发育程度、表达能力，以及所处年龄段未成年人普遍的表达能力和认知能力进行客观的判断，对待证事实与其年龄、智力状况或者精神健康状况相适应的未成年人陈述、证言，应当建议办案机关依法予以采信，不能轻易否认其证据效力。

第十三条 在未成年被害人、证人确有必要出庭的案件中，法律援助承办人员应当建议人民法院采取必要保护措施，不暴露被害人、证人的外貌、真实声音，有条件的可以采取视频等方式播放被害人的陈述、证人证言，避免未成年被害人、证人与被告人接触。

第十四条 庭审前，法律援助承办人员应当认真做好下列准备工作：

（一）在举证期限内向人民法院提交证据清单及证据，准备证据材料；

（二）向人民法院确认是否存在证人、鉴定人等出庭作证情况，拟定对证人、鉴定人的询问提纲；

（三）向人民法院确认刑事附带民事诉讼被告人是否有证据提交，拟定质证意见；

（四）拟定对证言笔录、鉴定人的鉴定意见、勘验笔录和其他作为证据的文书的质证意见；

（五）准备辩论意见；

（六）向被害人及其法定代理人（监护人）了解是否有和解或调解方案，并充分向被害人及其法定代理人

（监护人）进行法律释明后，向人民法院递交方案；

（七）向被害人及其法定代理人（监护人）介绍庭审程序，使其了解庭审程序、庭审布局和有关注意事项。

★★ **第十五条** 法律援助承办人员办理性侵害未成年人案件，应当了解和审查以下关键事实：

（一）了解和严格审查未成年被害人是否已满十二周岁、十四周岁的关键事实，正确判断犯罪嫌疑人、被告人是否"明知"或者"应当知道"未成年被害人为幼女的相关事实；

（二）了解和审查犯罪嫌疑人、被告人是否属于对未成年被害人负有"特殊职责的人员"；

（三）准确了解性侵害未成年人案发的地点、场所等关键事实，正确判断是否属于"在公共场所当众"性侵害未成年人。

★ **第十六条** 办理利用网络对儿童实施猥亵行为的案件时，法律援助承办人员应指导未成年被害人及其法定代理人（监护人）及时收集、固定能够证明行为人出于满足性刺激的目的，利用网络采取诱骗、强迫或者其他方法要求被害人拍摄、传送暴露身体的不雅照片、视频供其观看等相关事实方面的电子数据，并向办案机关报告。

第十七条 性侵害未成年人犯罪具有《关于依法惩

治性侵害未成年人犯罪的意见》第 25 条规定的情形之一以及第 26 条第二款规定的情形的，法律援助承办人员应当向人民法院提出依法从重从严惩处的建议。

第十八条　对于犯罪嫌疑人、被告人利用职业便利、违背职业要求的特定义务性侵害未成年人的，法律援助承办人员可以建议人民法院在作出判决时对其宣告从业禁止令。

第十九条　发生在家庭内部的性侵害案件，为确保未成年被害人的安全，法律援助承办人员可以建议办案机关依法对未成年被害人进行紧急安置，避免再次受到侵害。

第二十条　对监护人性侵害未成年人的案件，法律援助承办人员可以建议人民检察院、人民法院向有关部门发出检察建议或司法建议，建议有关部门依法申请撤销监护人资格，为未成年被害人另行指定其他监护人。

第二十一条　发生在学校的性侵害未成年人的案件，在未成年被害人不能正常在原学校就读时，法律援助承办人员可以建议其法定代理人（监护人）向教育主管部门申请为其提供教育帮助或安排转学。

第二十二条　未成年人在学校、幼儿园、教育培训机构等场所遭受性侵害，在依法追究犯罪人员法律责任的同时，法律援助承办人员可以帮助未成年被害人及其法定代理人（监护人）要求上述单位依法承担民事赔偿责任。

第二十三条 从事住宿、餐饮、娱乐等的组织和人员如果没有尽到合理限度范围内的安全保障义务，与未成年被害人遭受性侵害具有因果关系时，法律援助承办人员可以建议未成年被害人及其法定代理人（监护人）向安全保障义务人提起民事诉讼，要求其承担与其过错相应的民事补充赔偿责任。

第二十四条 法律援助承办人员办理性侵害未成年人附带民事诉讼案件，应当配合未成年被害人及其法定代理人（监护人）积极与犯罪嫌疑人、被告人协商、调解民事赔偿，为未成年被害人争取最大限度的民事赔偿。

犯罪嫌疑人、被告人以经济赔偿换取未成年被害人翻供或者撤销案件的，法律援助承办人员应当予以制止，并充分释明法律后果，告知未成年被害人及其法定代理人（监护人）法律风险。未成年被害人及其法定代理人（监护人）接受犯罪嫌疑人、被告人前述条件，法律援助承办人员可以拒绝为其提供法律援助服务，并向法律援助机构报告；法律援助机构核实后应当终止本次法律援助服务。

未成年被害人及其法定代理人（监护人）要求严惩犯罪嫌疑人、被告人，放弃经济赔偿的，法律援助承办人员应当尊重其决定。

第二十五条　未成年被害人及其法定代理人（监护人）提出精神损害赔偿的，法律援助承办人员应当注意收集未成年被害人因遭受性侵害导致精神疾病或者心理伤害的证据，将其精神损害和心理创伤转化为接受治疗、辅导而产生的医疗费用，依法向犯罪嫌疑人、被告人提出赔偿请求。

第二十六条　对未成年被害人因性侵害犯罪造成人身损害，不能及时获得有效赔偿，生活困难的，法律援助承办人员可以帮助未成年被害人及其法定代理人（监护人）、近亲属，依法向办案机关提出司法救助申请。

第四章　办理监护人侵害未成年人权益案件

★★ 第二十七条　监护人侵害未成年人权益案件，是指父母或者其他监护人（以下简称监护人）性侵害、出卖、遗弃、虐待、暴力伤害未成年人，教唆、利用未成年人实施违法犯罪行为，胁迫、诱骗、利用未成年人乞讨，以及不履行监护职责严重危害未成年人身心健康等行为。

第二十八条　法律援助承办人员发现监护侵害行为可能构成虐待罪、遗弃罪的，应当告知未成年人及其他监护人、近亲属或村（居）民委员会等有关组织有权告诉或代为告诉。

未成年被害人没有能力告诉，或者因受到强制、威吓无法告诉的，法律援助承办人员应当告知其近亲属或村（居）委员会等有关组织代为告诉或向公安机关报案。

第二十九条 法律援助承办人员发现公安机关处理监护侵害案件应当立案而不立案的，可以协助当事人向人民检察院申请立案监督或协助向人民法院提起自诉。

第三十条 办案过程中，法律援助承办人员发现未成年人身体受到严重伤害、面临严重人身安全威胁或者处于无人照料等危险状态的，应当建议公安机关将其带离实施监护侵害行为的监护人，就近护送至其他监护人、亲属、村（居）民委员会或者未成年人救助保护机构。

第三十一条 监护侵害行为情节较轻，依法不给予治安管理处罚的，法律援助承办人员可以协助未成年人的其他监护人、近亲属要求公安机关对加害人给予批评教育或者出具告诫书。

第三十二条 公安机关将告诫书送交加害人、未成年受害人，以及通知村（居）民委员会后，法律援助承办人员应当建议村（居）民委员会、公安派出所对收到告诫书的加害人，未成年受害人进行查访、监督加害人不再实施家庭暴力。

第三十三条 未成年人遭受监护侵害行为或者面临

监护侵害行为的现实危险，法律援助承办人员应当协助其他监护人、近亲属，向未成年人住所地、监护人住所地或者侵害行为地基层人民法院，申请人身安全保护令。

第三十四条　法律援助承办人员应当协助受侵害未成年人搜集公安机关出警记录、告诫书、伤情鉴定意见等证据。

★★第三十五条　法律援助承办人员代理申请人身安全保护令时，可依法提出如下请求：

（一）<u>禁止被申请人实施家庭暴力</u>；

（二）<u>禁止被申请人骚扰、跟踪、接触申请人及其相关近亲属</u>；

（三）<u>责令被申请人迁出申请人住所</u>；

（四）保护申请人人身安全的其他措施。

第三十六条　人身安全保护令失效前，法律援助承办人员可以根据申请人要求，代理其向人民法院申请撤销、变更或者延长。

第三十七条　发现监护人具有民法典第三十六条、《关于依法处理监护人侵害未成年人权益行为若干问题的意见》第三十五条规定的情形之一的，法律援助承办人员可以建议其他具有监护资格的人、居（村）民委员会、学校、医疗机构、妇联、共青团、未成年人保护组织、民政部门等个人或组织，向未成年人住所地、监护人住所地或者侵害行为地基层人民法院申请撤销原监护人监护资格，依法另行指定监护人。

第三十八条　法律援助承办人员承办申请撤销监护人资格案件，可以协助申请人向人民检察院申请支持起诉。申请支持起诉的，应当向人民检察院提交申请支持起诉书、撤销监护人资格申请书、身份证明材料及案件所有证据材料复印件。

第三十九条　有关个人和组织向人民法院申请撤销监护人资格前，法律援助承办人员应当建议其听取有表达能力的未成年人的意见。

第四十条　法律援助承办人员承办申请撤销监护人资格案件，在接受委托后，应撰写撤销监护人资格申请书。申请书应当包括申请人及被申请人信息、申请事项、事实与理由等内容。

第四十一条　法律援助承办人员办理申请撤销监护人资格的案件，应当向人民法院提交相关证据，并协助社会服务机构递交调查评估报告。该报告应当包含未成年人基本情况、监护存在问题、监护人悔过情况、监护人接受教育、辅导情况、未成年人身心健康状况以及未成年人意愿等内容。

第四十二条　法律援助承办人员根据实际需要可以向人民法院申请聘请适当的社会人士对未成年人进行社会观护，引入心理疏导和测评机制，组织专业社会工作者、儿童心理问题专家等专业人员参与诉讼，为受侵害未成年人和被申请人提供心理辅导和测评服务。

第四十三条　法律援助承办人员应当建议人民法院根据最有利于未成年人的原则，在民法典第二十七条规定的人员和单位中指定监护人。没有依法具有监护资格的人的，建议人民法院依据民法典第三十二条规定指定民政部门担任监护人，也可以指定具备履行监护职责条件的被监护人住所地的村（居）民委员会担任监护人。

第四十四条　法律援助承办人员应当告知现任监护人有权向人民法院提起诉讼，要求被撤销监护人资格的父母继续负担被监护人的抚养费。

第四十五条　判决不撤销监护人资格的，法律援助承办人员根据《关于依法处理监护人侵害未成年人权益行为若干问题的意见》有关要求，可以协助有关个人和部门加强对未成年人的保护和对监护人的监督指导。

第四十六条　具有民法典第三十八条、《关于依法处理监护人侵害未成年人权益行为若干问题的意见》第四十条规定的情形之一的，法律援助承办人员可以向人民法院提出不得判决恢复其监护人资格的建议。

第五章　办理学生伤害事故案件

★★ 第四十七条　学生伤害事故案件，是指在学校、幼儿园或其他教育机构（以下简称教育机构）实施的教育教学活动或者组织的校外活动中，以及在教育机构负有管理责任的校舍、场地、其他教育教学设施、生活设施内发生的，造成在校学生人身损害后果的事故。

第四十八条　办理学生伤害事故案件，法律援助承办人员可以就以下事实进行审查：

（一）受侵害未成年人与学校、幼儿园或其他教育机构之间是否存在教育法律关系；

（二）是否存在人身损害结果和经济损失，教育机构、受侵害未成年人或者第三方是否存在过错，教育机构行为与受侵害未成年人损害结果之间是否存在因果关系；

（三）是否超过诉讼时效，是否存在诉讼时效中断、中止或延长的事由。

★　第四十九条　法律援助承办人员应当根据以下不同情形，告知未成年人及其法定代理人（监护人）相关的责任承担原则：

（一）不满八周岁的无民事行为能力人在教育机构学习、生活期间受到人身损害的，教育机构依据民法典第一千一百九十九条的规定承担过错推定责任；

（二）已满八周岁不满十八周岁的限制民事责任能力人在教育机构学习、生活期间受到人身损害的，教育机构依据民法典第一千二百条的规定承担过错责任；

（三）因教育机构、学生或者其他相关当事人的过错造成的学生伤害事故，相关当事人应当根据其行为过错程度的比例及其与损害结果之间的因果关系承担相应的责任。

第五十条　办理学生伤害事故案件，法律援助承办人员应当调查了解教育机构是否具备办学许可资格，教师或者其他工作人员是否具备职业资格，注意审查和收集能够证明教育机构存在《学生伤害事故处理办法》第九条规定的过错情形的证据。

第五十一条　办理《学生伤害事故处理办法》第十条规定的学生伤害事故案件，法律援助承办人员应当如实告知未成年人及其法定代理人（监护人）可能存在由其承担法律责任的诉讼风险。

第五十二条　办理《学生伤害事故处理办法》第十二条、第十三条规定的学生伤害事故案件，法律援助承办人员应当注意审查和收集教育机构是否已经履行相应职责或行为有无不当。教育机构已经履行相应职责或行为并无不当的，法律援助承办人员应当告知未成年人及其法定代理人（监护人），案件可能存在教育机构不承担责任的诉讼风险。

第五十三条　未成年人在教育机构学习、生活期间，受到教育机构以外的人员人身损害的，法律援助承办人员应当告知未成年人及其法定代理人（监护人）由侵权人承担侵权责任，教育机构未尽到管理职责的，承担相应的补充责任。

★★ **第五十四条** 办理涉及教育机构侵权案件，法律援助承办人员可以采取以下措施：

（一）关注未成年人的受教育权，发现未成年人因诉讼受到教育机构及教职员工不公正对待的，及时向教育行政主管部门和法律援助机构报告；

（二）根据案情需要，可以和校方协商，或者向教育行政主管部门申请调解，并注意疏导家属情绪，积极参与调解，避免激化矛盾；

（三）可以调查核实教育机构和未成年人各自参保及保险理赔情况。

第五十五条 涉及校园重大安全事故、严重体罚、虐待、学生欺凌、性侵害等可能构成刑事犯罪的案件，法律援助承办人员可以向公安机关报告，或者协助未成年人及其法定代理人（监护人）向公安机关报告，并向法律援助机构报备。

第六章 附 则

第五十六条 本指引由司法部公共法律服务管理局与中华全国律师协会负责解释，自公布之日起试行。

军人军属法律援助工作实施办法

(2023年2月)

第一章 总 则

第一条 为了规范军人军属法律援助工作，依法维护国防利益和军人军属合法权益，根据《中华人民共和国法律援助法》《中华人民共和国军人地位和权益保障法》《军人抚恤优待条例》《国务院、中央军委关于进一步加强军人军属法律援助工作的意见》，制定本办法。

第二条 为军人军属提供法律援助，适用本办法。

第三条 军人军属法律援助工作是中国特色社会主义法律援助事业的重要组成部分，应当坚持中国共产党领导，坚持围绕中心、服务大局，军民合力、共商共建，依法优先、注重质量，实现政治效果、社会效果、法律效果相统一。

第四条 县级以上人民政府司法行政部门和军队团级以上单位负责司法行政工作的部门应当密切协作、相互配合，研究制定军人军属法律援助工作发展规划、重要制度和措施，安排部署军人军属法律援助工作任务，指导军人军属法律援助工作组织实施，及时解决工作中的困难和问题，共同做好军人军属法律援助工作。

第五条　县级以上人民政府司法行政部门和军队团级以上单位负责司法行政工作的部门应当开展经常性的军人军属法律援助宣传教育，普及军人军属法律援助知识。

第二章　工作站点和人员

第六条　县级以上人民政府司法行政部门设立的法律援助机构负责组织实施军人军属法律援助工作。

法律援助机构可以在省军区（卫戍区、警备区）、军分区（警备区）、县（市、区）人民武装部、军事法院、军事检察院以及其他军队团级以上单位建立军人军属法律援助工作站。

有条件的法律援助机构可以在乡（镇）人民武装部、军队营级以下单位设立军人军属法律援助联络点。

★　第七条　军人军属法律援助工作站应当具备以下条件：

（一）有固定的办公场所和设备；

（二）有具备一定法律知识的工作人员；

（三）有必要的工作经费；

（四）有规范的工作制度；

（五）有统一的标识及公示栏。

★★ **第八条** 军人军属法律援助工作站的职责范围包括：

（一）受理、转交军人军属法律援助申请；

（二）开展军人军属法治宣传教育；

（三）解答法律咨询、代拟法律文书；

（四）办理简单的非诉讼法律援助事项；

（五）其他应当依法履行的工作职责。

第九条 军人军属法律援助工作站应当在接待场所和相关网站公示办公地址、通讯方式以及军人军属法律援助条件、程序、申请材料目录等信息。

第十条 军人军属法律援助工作站应当建立军人军属来信、来电、来访咨询事项登记制度。对属于法律援助范围的，应当一次性告知申请程序，指导当事人依法提出申请；对不属于法律援助范围的，应当告知有关规定，指引当事人寻求其他解决渠道。

第十一条 法律援助机构应当综合政治素质、业务能力、执业年限等，择优遴选具有律师资格或者法律职业资格的人员参与军人军属法律援助工作，建立军人军属法律援助人员库。

军队具有律师资格或者法律职业资格的人员，以及其他具有法律专业素质和服务能力的人员，可以纳入军人军属法律援助人员库，由其所在军队团级以上单位负责司法行政工作的部门管理，参与军人军属法律援助工作站或者联络点值班，参加驻地法律援助业务培训和办案交流等。

第十二条　法律援助机构应当会同军队团级以上单位负责司法行政工作的部门、军事法院、军事检察院，安排军人军属法律援助人员库入库人员在军人军属法律援助工作站或者联络点值班，合理安排值班方式、值班频次。

值班方式可以采用现场值班、电话值班、网络值班相结合的方式；现场值班的，可以采取固定专人或者轮流值班，也可以采取预约值班。

第十三条　军人军属法律援助联络点可以安排本单位工作人员担任联络员，就近受理、转交军人军属法律援助申请，协调法律援助机构开展法律咨询、法治宣传教育等法律服务。

有条件的军人军属法律援助联络点，可以参照军人军属法律援助工作站设置办公场所、安排人员值班。

第十四条　法律援助机构、法律援助人员办理军人军属法律援助案件，应当保守知悉的国家秘密、军事秘密、商业秘密，不得泄露当事人的隐私。

第三章　事项和程序

第十五条　军人军属维护合法权益遇到困难的，法律援助机构应当依法优先提供免费的咨询、代理等法律服务。

✦ **第十六条** 军人军属对下列事项，因经济困难没有委托代理人的，可以向法律援助机构申请法律援助：

（一）涉及侵害军人名誉纠纷的；

（二）请求给予优抚待遇的；

（三）涉及军人婚姻家庭纠纷的；

（四）人身伤害案件造成人身损害或者财产损失请求赔偿的；

（五）涉及房屋买卖纠纷、房屋租赁纠纷、拆迁安置补偿纠纷的；

（六）涉及农资产品质量纠纷、土地承包纠纷、宅基地纠纷以及保险赔付的；

（七）《中华人民共和国法律援助法》规定的法律援助事项范围或者法律、法规、规章规定的其他情形。

✦ **第十七条** 军人军属申请法律援助，应当提交下列申请材料，法律援助机构免予核查经济困难状况：

（一）有关部门制发的证件、证明军人军属关系的户籍材料或者军队单位开具的身份证明等表明军人军属身份的材料；

（二）法律援助申请表；

（三）经济困难状况说明表；

（四）与所申请法律援助事项有关的案件材料。

第十八条 下列人员申请法律援助的，无需提交经济困难状况说明表：

（一）义务兵、供给制学员及其军属；

（二）执行作战、重大非战争军事行动任务的军人及其军属；

（三）烈士、因公牺牲军人、病故军人的遗属。

第十九条　军人军属申请法律援助的，诉讼事项由办案机关所在地的法律援助机构受理，非诉讼事项由争议处理机关所在地或者事由发生地的法律援助机构受理。

法律援助机构应当及时受理相关法律援助申请，对不属于本机构受理的，应当协助军人军属向有权受理的机构申请。

第二十条　法律援助机构决定给予法律援助的，应当及时指派法律援助人员承办军人军属法律援助案件。

有条件的法律援助机构可以指派军人军属选定的法律援助人员作为案件承办人。

第二十一条　受理申请的法律援助机构需要异地法律援助机构协助调查取证、送达文书的，异地法律援助机构应当支持。法律援助机构请求协助的，应当向被请求的法律援助机构出具协助函件，说明协助内容。

异地协助所需的时间不计入法律援助机构受理审查时限。

第二十二条　法律援助机构应当在服务窗口设立法律援助绿色通道，对军人军属申请法律援助的，优先受理、优先审查、优先指派。符合条件的可以先行提供法律援助，事后补充材料、补办手续。对伤病残等特殊困难的军人军属，实行网上申请、电话申请、邮寄申请、上门受理等便利服务。

★★　第二十三条　执行作战、重大非战争军事行动任务的军人及其军属申请法律援助的，不受事项范围限制。

法律援助机构应当指派具有三年以上相关执业经历的律师，为执行作战、重大非战争军事行动任务的军人及其军属提供法律援助。军人所在团级以上单位负责司法行政工作的部门应当会同县级以上人民政府司法行政部门，及时了解案件办理情况，帮助协调解决困难问题，保障受援人获得优质高效的法律援助。

军人执行作战、重大非战争军事行动任务，由其所在团级以上单位负责司法行政工作的部门出具证明。暂时无法出具证明的，法律援助机构可以先行提供法律援助，受援人应当及时补交相关证明。

第二十四条　法律援助机构办理军人军属法律援助案件，需要协助的，军队团级以上单位负责司法行政工作的部门应当予以协助。对先行提供法律援助但受援人未及时补交相关证明的，法律援助机构可以向军队团级以上单位负责司法行政工作的部门了解有关情况，对不符合法律援助条件的，应当依法终止法律援助。

对军人军属法律援助工作站或者联络点转交的军人军属法律援助申请，法律援助机构作出决定后，应当及时告知军队团级以上单位负责司法行政工作的部门。

第四章 保障和监督

第二十五条 县级以上人民政府司法行政部门应当会同涉军维权工作领导小组办公室和军队团级以上单位负责司法行政工作的部门，建立军地法律援助衔接工作联席会议制度，研究工作，部署任务，通报情况，协调解决重大问题。

第二十六条 建立军人军属法律援助工作站的军队团级以上单位负责司法行政工作的部门、军事法院、军事检察院，应当协调为军人军属法律援助工作站提供必要的办公场所和设施，安排人员保障军人军属法律援助工作有序开展。

第二十七条 县级以上人民政府司法行政部门应当把军人军属法律援助人员培训工作纳入当地法律援助业务培训规划。军队团级以上单位负责司法行政工作的部门应当为军人军属法律援助人员参加培训提供必要的条件和保障。

县级以上人民政府司法行政部门应当会同军队团级

以上单位负责司法行政工作的部门、军事法院、军事检察院,与法律援助机构、律师事务所开展业务研究、办案交流等活动,提高军人军属法律援助案件办理质量。

第二十八条　县级以上人民政府司法行政部门应当会同军队团级以上单位负责司法行政工作的部门协调地方财政部门,推动将军人军属法律援助经费列入本级政府预算。

有条件的地方可以探索建立军人军属法律援助公益基金,专门用于办理军人军属法律援助案件。法律援助基金会等组织应当通过多种渠道,积极募集社会资金,支持军人军属法律援助工作。

军队团级以上单位负责司法行政工作的部门、军事法院、军事检察院应当将军人军属法律援助工作站、联络点日常办公所需经费纳入单位年度预算。

第二十九条　军人军属法律援助工作站、联络点应当向法律援助机构及时报告工作,接受其业务指导和监督,及时与所驻军队团级以上单位负责司法行政工作的部门、军事法院、军事检察院沟通有关情况。

军队团级以上单位负责司法行政工作的部门应当定期调研军人军属法律援助工作。针对发现的矛盾问题,可以向驻地县级以上人民政府司法行政部门和法律援助机构提出改进建议,必要时提交军地法律援助衔接工作联席会议研究解决。

第三十条　县级以上涉军维权工作领导小组办公室应当会同驻地团级以上单位负责司法行政工作的部门，将军人军属法律援助工作纳入年度平安建设考评体系；需要了解有关情况的，同级人民政府司法行政部门应当予以协助。考评结果应当报送同级的县（市、区）人民武装部、军分区（警备区）、省军区（卫戍区、警备区）。

第三十一条　对在军人军属法律援助工作中做出突出贡献的组织和个人，按照国家有关规定给予表彰和奖励。

第五章　附　　则

★　第三十二条　本办法所称军人，是指在中国人民解放军服现役的军官、军士、义务兵等人员。

本办法所称军属，是指军人的配偶、父母（扶养人）、未成年子女、不能独立生活的成年子女。

本办法所称烈士、因公牺牲军人、病故军人的遗属，是指烈士、因公牺牲军人、病故军人的配偶、父母（扶养人）、子女，以及由其承担抚养义务的兄弟姐妹。

第三十三条　军队文职人员、职工，军队管理的离休退休人员，以及执行军事任务的预备役人员和其他人员，参照本办法有关军人的规定。

除本办法另有规定外,烈士、因公牺牲军人、病故军人的遗属,适用本办法有关军属的规定。

第三十四条 中国人民武装警察部队服现役的警官、警士和义务兵等人员,适用本办法。

第三十五条 本办法自 2023 年 3 月 1 日起施行。2016 年 9 月 14 日司法部、中央军委政法委员会发布的《军人军属法律援助工作实施办法》同时废止。

退役军人部、司法部关于加强退役军人法律援助工作的意见

(2021年12月7日 退役军人部发〔2021〕73号)

退役军人法律援助工作是加强退役军人服务保障的重要举措,是维护退役军人合法权益的一项重要民生工程。推进退役军人法律援助工作,对于建立健全退役军人权益保障机制,完善公共法律服务体系,具有重要意义。为全面落实中共中央办公厅、国务院办公厅《关于完善法律援助制度的意见》和《中华人民共和国退役军人保障法》、《中华人民共和国法律援助法》等政策法律制度,加强退役军人法律援助工作,现提出如下意见。

一、总体要求

(一)指导思想。以习近平新时代中国特色社会主义思想为指导,全面贯彻落实党的十九大和十九届二中、三中、四中、五中、六中全会精神,全面贯彻习近平法治思想,深入贯彻习近平总书记关于退役军人工作重要论述和法律援助工作重要指示精神,增强"四个意识"、坚定"四个自信"、做到"两个维护",紧紧围绕

广大退役军人实际需要，依法扩大法律援助范围，提高法律援助服务质量，确保退役军人在遇到法律问题或者合法权益需要维护时获得优质高效的法律帮助。

（二）基本原则。坚持党的领导，突出党总揽全局、协调各方的领导核心作用，把党的领导贯穿到退役军人法律援助工作的全过程和各方面。坚持以人为本，把维护退役军人合法权益作为出发点和落脚点，努力满足退役军人法律援助需求。坚持政府主导，落实退役军人事务部门、司法行政部门退役军人法律援助工作的部门责任，同时激发各类社会主体参与的积极性。坚持改革创新，立足退役军人工作实际，积极探索退役军人法律援助工作规律，创新工作理念、机制和方法，实现退役军人法律援助申请快捷化、审查简便化、办案标准化。

（三）工作目标。到2022年，基本形成覆盖城乡、便捷高效、均等普惠的退役军人法律援助服务网络，退役军人法律援助工作全面覆盖。到2035年，基本形成与法治国家、法治政府、法治社会基本建成目标相适应的退役军人法律援助供给模式，退役军人的满意度显著提升、共享公共法律服务成果基本实现。

二、加强法律援助体系保障

（四）设立服务窗口站点。退役军人事务部门可以根据实际工作情况在退役军人服务中心（站）设立法律咨询窗口，为退役军人提供法律咨询、转交法律援助申请等服务。法律援助机构可以根据工作需要在退役军人服务中心设立法律援助工作站，在乡镇、街道、农村和城市社区退役军人服务站设立法律援助联络点，就近受理法律援助申请。

（五）加强人员力量建设。退役军人事务部门可以通过政府购买法律服务等方式，择优选择律师事务所等法律服务机构为退役军人提供法律咨询服务。司法行政部门可以整合公共法律服务资源，积极引导律师等法律人才为退役军人提供法律援助服务。鼓励和支持法律援助志愿者在司法行政部门指导下，为退役军人提供法律咨询、代拟法律文书等法律援助。加强法律援助人才库建设，鼓励符合条件的退役军人积极参与法律援助志愿服务工作，加强法律知识培训，提高法律援助人员专业素质和服务能力。

（六）建立服务规范标准。推进退役军人法律援助工作规范化标准化建设。退役军人法律咨询窗口、法律援助工作站（联络点）应当建立来访人信息登记制度，完善解答咨询、受理转交申请等工作制度。推动援务公开，对法律援助申请条件、流程、渠道和所需材料等进行公示。省级退役军人法律咨询窗口、法律援助工作站每周至少安排半个工作日、市和县至少安排一个工作日专业人员值班服务,乡镇、街道、农村和城市社区退役军人法律咨询窗口、法律援助联络点做好日常服务。

三、拓宽法律援助覆盖范围

（七）扩大援助范围。在法律援助法规定事项范围基础上,根据当地经济社会发展水平和退役军人法律援助实际需求,依法扩大退役军人法律援助覆盖面。有条件的地区,要将涉及退役军人切身利益的事项纳入法律援助范围,降低法律援助门槛,尽力使更多退役军人依法获得法律援助。法律援助机构要认真组织办理退役军人涉及确认劳动关系、支付劳动报酬、工伤事故、交通事故、食品药品安全事故、医疗事故人身损害赔偿等方面的法律援助案件,依法为退役军人提供符合标准的法律援助服务。

（八）强化咨询服务。退役军人事务部门要在法律咨询窗口、法律援助工作站（联络点）安排专业人员免费为来访退役军人提供法律咨询,全面了解案件事实和来访人法律诉求。对咨询事项属于法律援助范围的,应当提示来访人享有依法申请法律援助的权利,并告知申请法律援助的条件和程序；对咨询事项不属于法律援助范围的,可以为来访人提出法律建议；对咨询事项不属于法律问题或者与法律援助无关的,可以告知来访人应咨询部门或渠道。司法行政部门要将退役军人作为公共法律服务的重点对象，为退役军人开辟法律援助绿色通道，在现有的公共法律服务实体平台普遍设立退役军人优先服务窗口。有条件的地区，在法律服务网设立退役军人专栏，或者在"12348"公共法律服务热线平台开通退役军人专线，优先为退役军人解答日常生产生活中遇到的法律问题。

四、完善法律援助工作机制

（九）建立协作机制。退役军人事务部门、司法行政部门要建立健全退役军人法律援助工作协作机制，强化退役军人工作政策制度、退役军人身份和经济困难状况等信息沟通，促进实现信息共享和工作协同。法律援助机构在办理退役军人法律援助事项时，需要核查申请人经济困难状况的，退役军人事务部门应当予以配合。建立健全法律援助服务资源依法跨区域流动制度机制，鼓励和支持律师、法律援助志愿者等在法律服务资源相对短缺地区为退役军人提供法律援助。

（十）优化办理程序。退役军人法律咨询窗口、法律援助工作站（联络点）可以接受退役军人的法律援助申请，经初步审查，符合法律援助条件的，应当及时转交法律援助机构办理，也可以引导申请人通过法律服务网在线申请。法律援助机构要把退役军人作为重点援助对象，对退役军人的法律援助申请，可以优先受理、优先审查、优先指派。

（十一）提高办案质量。根据退役军人法律援助案件性质，结合法律援助人员专业特长，法律援助机构应当合理指派案件承办人员，注意挑选对退役军人工作有深厚感情、熟悉涉军法律和政策、擅长办理同类案件的法律援助人员为退役军人提供法律援助服务，提高案件办理的专业化水平和质量。法律援助机构、法律援助人员对提供法律援助过程中知悉的国家秘密、商业秘密和个人隐私应当予以保密。

（十二）加强跟踪督办。健全退役军人法律援助案件服务质量监管机制，综合运用质量评估、受援人回访等措施强化案件质量管理，督促法律援助机构和人员依法履行职责。对疑难复杂案件，法律援助机构可以联合退役军人事务部门以及相关部门共同研究，加强跟踪检查，保证受援人获得优质高效的法律援助。

五、丰富法律援助服务方式

（十三）加大普法宣传教育。退役军人事务部门要加强法治宣传教育，普及法律知识，增强退役军人法治意识，引导退役军人依法表达合理诉求、依法维护权益。退役军人事务部门、司法行政部门可以组织人员通过入户走访、座谈沟通等多种方式，及时了解退役军人法律援助需求。

（十四）完善便民服务机制。加强退役军人法律援助信息化建设，推动互联网、大数据、人工智能等科技创新成果同退役军人法律援助工作深度融合。退役军人事务部门、司法行政部门应当通过服务窗口、电话、网络等多种方式为退役军人提供法律咨询服务。法律援助机构对老年、残疾等行动不便的退役军人，视情提供电话申请、上门服务。

六、切实加强组织领导

（十五）强化责任担当。各级退役军人事务部门、司法行政部门要认真履行组织、协调和指导退役军人法律援助工作的职责，充分发挥职能作用。退役军人事务部门、司法行政部门要加强沟通协调，密切工作配合，建立制度化、规范化的工作衔接机制。法律援助机构要丰富服务内容，创新服务方式，不断提高为退役军人提供法律援助服务的能力和水平。

（十六）加强检查指导。建立退役军人法律援助工作责任履行情况考评机制、报告制度和督导检查制度。将退役军人法律援助工作作为法治政府建设的重要任务，作为退役军人工作考核的重要内容。退役军人事务部门、司法行政部门要加强跟踪指导，积极协调解决法律援助工作中的难点问题，及时总结推广实践证明行之有效的典型做法和有益经验。

（十七）做好宣传推广。加强舆论引导，广泛宣传退役军人法律援助工作的重大意义，宣介退役军人法律援助工作成效。加强宣传表彰工作，对在退役军人法律援助工作中做出突出贡献的组织和个人，按照有关规定给予表彰、奖励。积极营造鼓励创新的良好氛围，促进退役军人法律援助工作健康持续创新发展。

图书在版编目（CIP）数据

法律援助文书实用手册/中国法制出版社编．—北京：中国法制出版社，2024.3
ISBN 978-7-5216-4262-9

Ⅰ.①法… Ⅱ.①中… Ⅲ.①法律援助-法律文书-写作-中国-手册 Ⅳ.①D926.13-62

中国国家版本馆 CIP 数据核字（2024）第 045167 号

责任编辑 刘海龙	封面设计 李 宁

法律援助文书实用手册
FALÜ YUANZHU WENSHU SHIYONG SHOUCE

经销/新华书店
印刷/应信印务(北京)有限公司

开本/880 毫米×1230 毫米 32 开	印张/ 4.75 字数/ 70 千
版次/2024 年 3 月第 1 版	2024 年 3 月第 1 次印刷

中国法制出版社出版
书号 ISBN 978-7-5216-4262-9　　　　　　　　　　定价：19.00 元

北京市西城区西便门西里甲 16 号西便门办公区
邮政编码：100053　　　　　　　　　　传真：010-63141600
网址：http://www.zgfzs.com　　　　　　编辑部电话：010-63141814
市场营销部电话：010-63141612　　　　　印务部电话：010-63141606

（如有印装质量问题，请与本社印务部联系。）